J'accuse
est le cent soixante-dix-neuvième ouvrage
publié chez
Dramaturges Éditeurs

Dramaturges Éditeurs
4740, rue Adam
Montréal (Québec) H1V 1V5
Téléphone : 514 527-7226
Courriel : info@dramaturges.qc.ca
Site internet : www.dramaturges.qc.ca

Dramaturges Éditeurs choisit de respecter l'auteure
dans sa façon de transcrire l'oralité.

Mise en pages et maquette de la couverture: Yvan Bienvenue
Correction des épreuves: Daniel Gauthier et Monique Forest
Visuel de la couverture: Vincent Partel

Nous remercions le Conseil des arts du Canada
de l'aide accordée à notre programme de publication.
Nous remercions aussi la Sodec.

Dépôt légal : premier trimestre 2015
Bibliothèque et Archives nationales du Québec
Bibliothèque et Archives Canada

© Dramaturges Éditeurs et Annick Lefebvre 2015
Toute représentation de ce texte, en tout ou en partie, par quelque
moyen que ce soit, par tout groupe (amateur ou professionnel),
avec ou sans prix d'entrée, est formellement interdite
sans l'autorisation écrite de l'auteure.

ISBN 978-2-89637-078-8

Annick Lefebvre

J'ACCUSE

Dramaturges Éditeurs

La première représentation publique de *J'accuse* a eu lieu le 14 avril 2015, au Centre du Théâtre d'Aujourd'hui, à Montréal.

Distribution:
La Fille qui encaisse: Ève Landry
La Fille qui agresse: Catherine Trudeau
La Fille qui intègre: Alice Pascual
La Fille qui adule: Debbie Lynch-White
La Fille qui aime: Léane Labrèche-Dor

Mise en scène: Sylvain Bélanger
Assistance à la mise en scène: Olivier Gaudet-Savard
Scénographie: Pierre-Étienne Locas
Éclairages: Erwann Bernard
Costumes: Marc Sénécal
Musique: Larsen Lupin
Vidéos: Ulysse del Drago

Une production du Centre du Théâtre d'Aujourd'hui.

J'accuse a bénéficié d'un atelier dirigé par Sylvain Bélanger, avec les comédiennes Kathleen Fortin, Johanne Haberlin et Marie-Ève Trudel, au Centre des auteurs dramatiques (CEAD).

L'auteure a bénéficié d'une bourse de création du Conseil des arts et des lettres du Québec (CALQ) pour l'écriture de ce texte.

L'auteure tient à remercier toutes les filles qui ont généreusement mis leurs têtes et leurs mâchoires à l'épreuve sur ses phrases en chantier, tant à l'Organisation mondiale des auteurs dramatiques (OMAD), qu'au Festival du Jamais Lu, qu'au CEAD, qu'au Centre du Théâtre d'Aujourd'hui (CTDA) que dans sa cuisine. L'auteure tient également à faire des révérences de reconnaissance éternelle à Paul Lefebvre et au Centre des auteurs dramatiques pour les 997 coachings et le support de fou.

À Garneau, Milot et St-Lo,
pour le power féministe
pis la peur de rien.

À Garneau
pour la force,
la résistance
pis la ferveur en dehors des heures.

À Milot
pour la traversée épique,
l'amitié over the top
pis l'espoir qui perdure.

À St-Lo
pour les décharges d'étincelles jamais banales
dans les yeux.

À Talia Hallmona,
pour y avoir cru avant moi.
Et pour être encore là.

PERSONNAGES

La Fille qui encaisse: vendeuse dans une boutique.
La Fille qui agresse: patronne d'une PME.
La Fille qui intègre: technicienne en garderie.
La Fille qui adule: réceptionniste dans un bureau.
La Fille qui aime: travailleuse autonome.

LIEU

Il n'y a pas vraiment de lieux, juste une spirale sociale qui avale tout.

1 – J'encaisse

La Fille qui encaisse. Temps des collants de laine et de la neige qui recouvre la ville.

LA FILLE QUI ENCAISSE

C'est pas vrai que je magasine juste québécois, que je m'abonne à des infolettres, que je participe à des concours pis que je couche dehors toute la nuit pour obtenir ma place de shopping V.I.P. à la Grande Braderie. C'est pas vrai que je m'habille exclusivement chez Schwiing, chez Slak, chez Ruelle, chez Myco Anna pis chez Kollontaï. C'est pas vrai que je porte juste du chic, c'est pas vrai que je porte juste du cher pis c'est pas vrai que je porte pus à terre juste à penser qu'Ève Gravel pourrait avoir signé la totalité du contenu de ma garde-robe. C'est pas vrai que je m'attrique jamais comme la chienne à Jacques. Pis c'est pas vrai que la chienne à Jacques aurait jamais honte de comment je m'arrange pour sortir. Mais c'est vrai que ça jappe, que ça jase pis que ça jacasse dans mon dos quand je prends le métro de cinq heures cinquante-huit du matin avec mes jeans Guess patchés aux fesses, mes bottes de fausse fourrure qui me font sentir comme une *chicks*, ma tuque artisanale multicolore faite en vraie laine de mérinos pis mon *coat* d'hiver de designer québécois cool qui coûte la peau du cul. Parce que le linge dessiné, conçu pis cousu chez-nous, c'est quand même moins cher que du léopard, que du crocodile ou que du serpent qu'on écorche, qu'on transforme pis qu'on

importe pour faire flasher les chaussures, les ceintures pis les fourre-tout des vieilles sacoches septua-
génaires, pas sortables, pas regardables pis pas four-
rables de Westmount, de Ville Mont-Royal pis
d'Outremont. C'est pas correct de penser que je me
vante de mon look à moitié branché pis que je me
pavane comme le paon bleu asiatique du zoo de
Granby devant les immigrantes qui s'échinent sur
leurs machines d'usine de textile de la rue Chabanel
à longueur de journée parce qu'on refuse de recon-
naître leurs diplômes supérieurs comme des hosties
de sans génie qui se privent du génie des autres! Si je
m'écrase contre les portes du fond du wagon décrépit
de la STM en évitant de froisser mon manteau
« Made in Montreal » par des post-doctorantes en exil
pis en manque de reconnaissance sur leur terre
d'accueil, si je m'agrippe après le poteau central avec
mon couvre-chef aux teintes top tendance qui fittent
avec les couleurs saisonnières des collections de
prestige qui se détaillent les yeux de la tête chez
Ogilvy pis Holt Renfrew, c'est pas pour rire dans face
des autres voyageurs, non! C'est juste parce que mes
accessoires féminins trop cutes qui s'agencent à
peine avec la désuétude des trois quarts de ce que je
porte, ben je les *deal* au *cost*! Si je refuse poliment la
place qui se libère à côté de l'employé de nuit mal
rasé qui a le déodorant sur le déclin pis les mains
sales de s'être fait suer des heures de fou pour un
sous-salaire de sous-merde tout juste mieux rému-
néré que l'aide sociale, c'est pas parce que je me sens
supérieure. Mais parce que j'ai pas le choix! Je peux
pas courir le risque de m'asseoir à côté de celui qui
cogne des clous sur la banquette double en attendant
de rentrer chez eux. Pis c'est pas des chichis de jeune
chipie qui se pense au-dessus du nombril du monde,
non! Mes fonctions exigent que je sois impeccable

pis *that's it*! Bon, OK, je travaille sur aucun projet immobilier. Je gère aucun portefeuille d'aucune multinationale. Je suis ni *banker*, ni courtier, ni analyste, ni présidente d'aucun CA. Je travaille pas au trente-deuxième étage d'une tour à bureaux. J'ai jamais eu envie d'organiser des concours de démolition de iPhone pis de BlackBerry sur les toits des gratte-ciel de la métropole. Je dirige pas la moindre chaire d'étude de médecine, de biologie ou de pharmaceutique. Pis je suis capable d'administrer rien d'autre que mon propre budget! Je trimballe pas de mallette, pas de portable, pas de *suitcase*, pas de iPad, mais je débarque quand même à McGill! Parce que je suis une conseillère hors pair, une femme dont l'opinion pis le savoir valent cher! Pis je gueule à qui veut bien l'entendre que j'emmerde la gang de speedés de six heures et quart qui courent le marathon avec leurs valises qu'ils traînent derrière eux en sprintant jusqu'à la gare Centrale où ils se perdent pis perdent leur sang-froid dans la file d'attente ferroviaire direction la-ville-reine-du-roi-Rob-Ford. Parce que moi, pendant qu'ils sirotent leur café Starbucks à quatre piasses la gorgée en feuilletant le *Globe and Mail* de Toronto dans le confort douillet de leur wagon de train transcanadien, je traverse la zone du CN avec mon iPod nano qui date du paléolithique pis mes écouteurs merdiques achetés chez Dollorama après que ceux d'origine m'aient pétés dans les mains au bout de deux mois, pis j'écoute les tounes zen, relaxes pis apaisantes d'Isabelle Boulay pour me calmer les nerfs parce que je suis presque arrivée au travail pis que mon calvaire va commencer avant le leur! Je ramène mon stress envahissant, mes fesses encore fermes pis ma face de petite crisse, chaque matin, chez Mademoiselle du Bonnet, pour pouvoir me permettre des Converse moins désuets, une coupe de pantalons qui met mon cul en valeur, des chandails en non-perte d'élasticité pis des vestons pas pire sexys, selon la *twist* prise par la reprise de mes finances. Tout dépendant de la hausse des chiffres sur ma fiche de temps supplémentaire, pis de ceux qui s'affichent sur les chèques de remboursement de TPS pis de TVQ dont le gouvernement me fait grâce, je sais le nombre de pâtes sauce néant que je vais devoir engloutir mensuellement pour me renflouer. Pus jamais être rattrapée par les échéances rapprochées des comptes payables, les changements de tarification d'Hydro-Québec pis l'augmentation de la passe de transport qui fait la passe au commun des usagers qui encaissent le coup pis les coûts, sans véritable riposte à part quelques insignifiances beuglées à haute intensité à la tribune du presque charismatique Mario Dumont à TVA. Mademoiselle du Bonnet, ce commerce qui voit défiler mes recommandations d'employée modèle, mes chansons pop sirupeuses diffusées du lundi au vendredi à Rouge FM, pis mes kits de créateurs locaux dernier cri qui font crier mon gérant de caisse quand j'en achète trop, n'est pas un fast-food pathétique qui embauche des serveuses anciennement belles, blondes-bronzées-baisées-désabusées, pour répondre aux moindres désirs des camionneurs-dragueurs-buveurs-payeurs dans une moitié d'autobus scolaire reconverti en shack à patates crade sur le bord de l'autoroute, non! Cette PME qui m'engage pis finance mes spaghettis, ma casserole pis le rond de poêle sur lequel je fais bouillir mon eau est une boutique de babioles de femmes paniquées qui cognent avec crise de nerfs incontrôlable, syndrome prémenstruel évident, psychodrame personnel mal dissimulé, émotivité de nunuches qui écoutent *Sex in the City* et énergie du désespoir dans les portes coulissantes de mon repère *full* néons du souterrain sans fenêtres du centre-ville

de la métropole. À partir de six heures et demie du matin, pis avec l'acharnement maladif des admirateurs français qui se garrochent sur la voiture d'Isabelle Boulay à chacune des sorties de concerts ou d'émissions de variétés durant laquelle «la belle» nous chante, en mauvais playback, un duo atroce avec le néanmoins légendaire Johnny Hallyday, les clientes qui se font saigner les jointures dans ma vitrine pour que je leur ouvre la porte avant le temps accélèrent mon réveil pis aiguisent ma patience pendant que je me prépare à leur donner tout ce que je possède. De l'aurore au crépuscule, je vends des sacs à main chers pis de moins en moins originaux dessinés pis fabriqués chez nous par madame Joanel de Laval, des sacs à lunchs isothermes de la marque Elle qui ont pas l'air de sacs à lunch, des chapeaux stylisés pis hors de prix que juste celles qui ont pas de style achètent, des portefeuilles en cuir véritable qu'on peut scratcher avec nos faux ongles pour valider que c'est bel et bien du vrai cuir, des stay-up bandants, des jarretelles de salopes, des collants de toutes les sortes, des bas *over the knee*, des bas aux genoux, des bas courts, des bas de nylon pis des gros bas de laine gris avec la barre blanche pis la barre rouge qui redeviennent «in» depuis une couple de saisons — tsé le modèle que les premiers colons devaient porter pour construire leurs cabanes en bois rond pis que nos arrières-arrières-arrières-grands-pères mettaient pour labourer la terre pis pour faire écrire des tounes médiocres à Mes Aïeux! Même qu'Ovila Pronovost a dû faire une couple d'enfants à Émilie Bordeleau en portant des bas de ce modèle-là! Parce que oui, Ovila, il devait certainement garder ses bas pendant leurs ébats! Tsé, il avait quand même appris à s'accoupler en regardant faire les chevaux de la grange!
— Du lundi au vendredi, de *fucking* six heures et

demie du matin à *fucking* six heures du soir, pis en prenant bien soin de mettre une pancarte qui dit « de retour dans cinq minutes » pendant l'unique fois par *shift* où je me permets d'aller pisser, je vends des crisses de capris, des hosties de leggins pis d'autres « petits essentiels » à des femmes de peu d'envergure qui souvent s'en donnent trop sous prétexte qu'elles ont un tailleur drabe, un diplôme d'avocate pis un pourcentage inhumainement élevé de causes gagnées. Ce qui, dans leur esprit de carriéristes glaciales, leur donne le privilège de me regarder du haut de leur talons moches, comme si j'étais de la marde, mais surtout de se permettre de mettre en doute les conseils qu'elles me demandent de leur donner et que je leur offre sur un plateau souriant de gentillesse et d'amabilité. Ces femmes posent sur moi le regard des tueuses dont le crime est supposément non prémédité et qui plaident la folie passagère pis qui écopent de sentences injustement réduites après avoir payé pis pipé des amis psychiatres pour un bilan biaisé les décriminalisant de leurs actes. Mais je me dis que si, passé la dégringolade de la quarantaine pis les frustrations du câlisse qui leur débordent de partout, leur névrose se manifeste publiquement dans leurs rapports aux commis pis aux vendeuses qui encaissent leurs achats au montant symbolique, leurs grands airs de plottes de bureaux pis les cratères de rides de leurs faces de quadragénaires sur le déclin, elles savent pas encore comment lire une charte de grandeur de collant ou répondre aux questions que je leur pose pour les aider à choisir la bonne taille : *C'est quoi ton poids, c'est quoi ta grandeur, non, pas la grandeur de tes jeans, innocente, la hauteur de ton corps en pieds pis en pouces ou en mètres pis en centimètres, mélange-toi pas avec les livres pis les kilos là,* come on, *fais-toi aller le mâche-patates pis réponds à ce que je te demande, ça prend pas la tête à Anne-Marie*

Dussault pour y arriver!, si elles savent pas encore faire la différence entre une culotte de maintien pis une ordinaire, si elles sont trop zouaves pour comprendre une grille explicative plus facile à déchiffrer que celle qui leur indique à quelle heure les autobus de banlieue reviennent vers la rive sur laquelle elles vivent, le soir, ben soit elles sont terriblement connes, soit elles se trouvent au beau milieu d'un *burnout* atroce qui fait d'elles des loques incapables de la plus simpliste des actions. Mais si elles sont en parfaite santé, que leur bilan médical les déclare aptes à se battre pour une place assise dans le train de Deux-Montagnes du matin pis à fighter fort pour un salaire au moins équivalent à la moitié de celui de leurs collègues masculins, pis que ça fait presque aussi longtemps que mon âge qu'elles posent les mêmes sempiternelles questions sur des sujets aussi insignifiants que la grandeur pis le confort des bas de nylon, j'ose espérer que les prochaines causes qu'elles accepteront de défendre ne reposeront pas sur des considérations de logique quotidienne, mais sur un savoir spécifique que seules les extraterrestres de leur espèce maîtrisent. Des stratégies vicieuses salement déployées pour laver les gars de chantier qui s'assoient par terre — ou sur leurs boîtes à lunch qui ont l'air des boîtes à lunch —, quand le métro de cinq heures cinquante-huit est bondé, parce qu'ils sont crevés, vidés, à boutte, pis qu'ils tiennent à peine deboutte de s'être éreintés à l'ouvrage pour payer une pension alimentaire exagérément haute parce que durement négociée par une avocate *control freak*, *cash addicted*, manipulatrice, hautaine pis féministe, mais pas capable de juger de quelle couleur, entre « anthracite » pis « platino », matche le mieux avec son *suit* fade de rigide du clito. Une femme qui milite en faveur de la beauté, de la dignité pis de la fierté de ses semblables pis qui est trop chiche pour sacrifier un peu de ses honoraires pour investir dans une paire d'«anthracite» pis dans une paire de «platino», au lieu de me faire déplacer les spots de ma boutique dans tous les angles pour comparer les nuances des échantillons que je lui montre pour qu'elle fasse son choix. *Heille, Madame-la-cliente-à-fesser-dedans, je suis pas ton éclairagiste personnelle, moi! Ma job c'est pas de te mettre en lumière, ma mission c'est que tu aies pas une maille qui te part de la cheville pis qui te monte jusqu'en haut de la cuisse quand tu vas rentrer au bureau pis que tu vas dézipper pis sucer ton client potentiel pour un contrat de 1.2 millions de dollars, tantôt!* Autant de gossage, de niaisage pis de têtage avant que le soleil soit levé alors que l'achat des deux paires de bas de nylon Filodoro Aurora à sept et soixante-quinze totaliseraient un immense dix-sept et quatre-vingt-trois, taxes incluses, ce qui me permettrait de puncher ses achats classiques, conservateurs pis conventionnels au plus sacrant pis de me débarrasser de son ton supérieur, de ses commentaires de vieille sèche pis de son attitude machiavélique pour aider les clientes qui en ont vraiment de besoin. Oui, je le sais, les souffrances psychiques que je subis au quotidien sont cruelles, mais faudrait pas penser que j'endure les caprices des névrosées de la maille d'avant meeting par masochisme, fantasme de flagellation, ou par délectation de la sauce bolognaise, de la carbonara pis du pesto maison servis sur des pâtes fraîches, al dente, pas données pis relevées de parmesan cher râpé sur place dans les restos spécialisés de la Petite Italie. Je suis surtout pas le genre d'exécutante qui réprime ses révoltes pis qui se ferme la gueule sous prétexte que la cliente a toujours raison, oh que non! Pis je voudrais pas ébranler votre belle petite fragilité d'imbécile heureux en vous le hurlant par la tête, mais j'ai toujours raison. J'ai toujours eu raison de tout le monde pis ça changera pas de sitôt! Je laisserai pas les voraces du semi-opaque-sans-bande-de-taille-gousset-de-coton-pointes-renforcées-un-peu-lustré-avec-un-mini-léger-maintien-t'en-aurais-pas-en-spécial, me siphonner mes ardeurs en me bouffant ce qu'ils peuvent pis en recrachant mes os comme les ennemis sadiques des superhéros des jeux vidéos qui servent de modèles à leurs adolescents en détresse, en alerte pis en perdition parce qu'élevés par des professionnels stricts, insensibles pis absents, mais qui font au moins le cash nécessaire pour les emmener voir *Casse-Noisette* à la Place des Arts à chaque Noël depuis qu'ils ont deux ans. Mais moi, je sais me défendre de leur snobisme, de leur hypocrisie pis de leurs faux-semblants pis j'hésite pas à le faire! C'est pas parce que j'ai l'air de la fille ordinaire, moyenne, banale, pas-un-mot-au-dessus-de-l'autre que je suis du genre sainte, gentille, charmante, avalanche- d'autocollants- en- étoile- qui- sentent- la-fraise-dans-mes-cahiers que je vais me laisser abattre par ces sales chiennes sales. Ce serait une fausseté astronomique, un leurre hallucinant, la chaise électrique de la réflexion facile que de se laisser prendre au piège par la première impression qui se dégage de moi. Derrière mon comptoir-caisse, j'écope, j'emmagasine pis j'accumule, oui! Pis tout à coup, sans le moindre signe précurseur pis avec l'assurance du solliciteur qui te dérange à l'heure du souper pis de tes rigatonis sauce reprise économique pour te vendre son concept révolutionnaire, pyramidal pis frauduleux, ben je leur pitche la réplique ironique à laquelle c'est impossible de rétorquer quoi que ce soit à part le sourire figé de celle qui vient de se faire prendre au piège d'une joute verbale qu'elle a elle-même lancée pour tenter de mettre la caissière K.-O. pis de rehausser un *self-esteem* démesuré ayant déjà atteint son paroxysme. Ce serait de vous mettre le doigt dans l'œil jusqu'au coude, Madame-la-cliente-à-envoyer-faire-du-bungee-pas-d'élastique, ce serait de propager un immense tas de faussetés à mon égard, Madame-la-cliente-à-euthanasier-avant-terme, que d'affirmer que ma job a moins d'impact collectif que la vôtre. Parce que le rôle joué par les vendeuses de bas de nylon dans la société québécoise est essentiel, vous savez! Pis mon affaire à moi, celle qui me fait lever à quatre heures quarante-cinq chaque matin pis rentrer chez moi passé dix-neuf heures trente chaque soir, me farcir les soubresauts hormonaux des disjonctées du centre-ville, me taper les conversations futiles et creuses des arriérées de l'agencement adéquat du motif floral horizontal sur un mollet enflé, pis essayer de m'en sortir psychologiquement intacte, est celle du port du leggins, pis de son semblable qui se porte plus court en saison estivale: le capri. Je sais que vous trouvez mon engagement risible, ridicule pis dérisoire, Madame-la-cliente-qui-est-donc-fière-d'habiter-dans-une-ville-dont-la-devise-est-« améliorez-votre-train-de-vie », mais j'ai ni les horaires, ni le standing social ni les honoraires nécessaires pour militer activement en faveur d'une cause qui serait soi-disant plus noble! Ça fait que je fais ce que je peux! Véritable guerrière du collant sans pied, je refuse catégoriquement de vendre du médium à des femmes dont la taille minimale acceptable serait du extra-large. Parce que la vue d'archipels de bourrelets débordant d'un leggins douteusement porté avec un chandail pas assez long pour cacher le derrière démesurément gros de ces femmes qui s'exhibent le gras de bacon dans le métro de juin-juillet-août, pis même dans celui de mai pis de septembre, est une épreuve surhumaine que nous subissons tous! Moi, je prends mon courage à deux mains, je monte aux barricades pis je sévis devant les horreurs de ces culs anormalement généreux regrettant d'être ainsi captifs de ce polyamide prêt à exploser tellement la tension de son fil est grande! Oui, je l'avoue, le combat que je mène sans appui, sans subvention, sans crédit d'impôt, sans amour-propre, sans relâche pis en mangeant rien que des pâtes n'est pas sans m'épuiser, me sacrer le moral à zéro pis la force psychique au désespoir. Mais faudrait pas croire que je sois malheureuse pour autant. Pas envie de m'immoler par le feu sur la place Jacques-Cartier en criant: «Vous avez détruit la beauté du monde!» comme l'a fait la poétesse Huguette Gaulin, le 4 juin 1972. Pas envie de mourir comme elle, à vingt-huit ans, parce que la laideur ambiante me donne le vertige de vivre. Pas envie de crier publiquement, de cramer publiquement pis de crever publiquement parce que ce qui m'entoure m'écœure. Pas envie d'ajouter ma mort sinistre à la tristesse des espaces urbains de Montréal. *No way*, jamais! Même si ce geste mérite d'être réitéré. Même s'il faudrait faire de cette femme une icône. Même si toutes les rues de la métropole devraient porter son nom, devraient contenir ses cendres. Même si le paysage d'aujourd'hui devrait s'ériger sur cet élan de mort rempli de vie. Même si ce geste horrible a fait écrire une super belle toune à Luc Plamondon. Même si ça a fait faire un *cover* super bouleversant à Isabelle Boulay. Pis que je la chante tout le temps, dans ma tête pis à tue-tête, la chanson qui donne du courage. *Ne tuons pas la beauté du monde / La dernière chance de la terre / C'est maintenant qu'elle se joue / Ne tuons pas la beauté du monde / Faisons de la terre un grand jardin / Pour ceux qui viendront après nous / Après nous. No way*, je me laisserai pas abattre, je vais continuer d'abattre ma

17

besogne, de me battre pour que ça se passe, de me battre pour que ça se fasse, qu'il y ait des lueurs de veilleuse bienveillante, des feux d'artifice majestueux pis de la joie sincère dans le regard des femmes qui sortent de ma boutique. Vous assisterez jamais au spectacle de ma combustion. À la place, je vais me faire tatouer des réverbères allumés, des couchers de soleil flamboyants, des cathédrales pleines de vitraux. Je vais investir dans des marqueurs permanents, dans des pastels gras pis dans de la peinture à doigts, pis je vais écrire des mots d'amour sur tous les visages gris pis aigris qui défilent péniblement dans la ville souterraine. Non, ma rubrique nécrologique n'est pas prête à être publiée dans les quotidiens que j'épluche au quotidien, mais mon existence de survivance, de main tendue, d'éclatement de cœur, d'acharnement dans le beurre pis de crash d'idéaux, je l'encaisse. Je l'encaisse avec le corps suicidé d'une jeune poétesse prophétique dans mes pensées. Pis je l'encaisse, surtout, avec la beauté du monde immolée en dedans de moi.

2 – J'agresse

*La Fille qui agresse. Temps des fêtes et des
bonnes œuvres.*

LA FILLE QUI AGRESSE
C'est pas vrai que je rouspète pis que je chiale à tort
et à travers mon chapeau de fourrure de renard de
seconde main, à propos de toute, pis pour condamner les individus qui sont monétairement fragiles,
économiquement précaires pis budgétairement
démunis, incompatibles avec le standing de vie
normal imposé par notre société de supposée sur-
consommation. C'est pas vrai que de runner ma
business fait en sorte que mes fils se touchent, que je
freak out à force de faire trop d'heures supplémen-
taires, que je pète au frette pis que j'ai frette l'hiver
parce que j'ai pas les moyens de me payer un bon
manteau. C'est pas vrai que je pète plus haut que le
trou, que je pète la gueule à des itinérants, que mon
ego passe pus nulle part pis que je crache de la bile,
du venin pis du mucus de grippe sur ceux qui vivent
aux crochets de la société pis qui me demandent «un
petit peu de change pour manger» quand je franchis
les portes du building où ma PME a son bureau.
C'est faux d'affirmer que je profite de la job *steady* de
mon chum à Revenu Québec, de son statut de fonc-
tionnaire provincial pis de la stabilité de sa situation
financière pour placer toutes ses cennes pis mes
angoisses d'en manquer dans des REER conjoints
qu'on va juste pouvoir retirer quand on va avoir
quatre-vingt-dix-sept ans pis la mobilité de la statue

de cire de René Angélil au musée Grévin du Centre Eaton de Montréal. C'est misérable de penser que je serais prête à épouser mon mec des cinq dernières années pour pouvoir accéder à des CELI pourris qui vont être gelés jusqu'à ce qu'on moisisse en couple dans notre résidence de vieux has been qui ont pus toute leur tête, qui se nourrissent par intubation pis qui espèrent mourir dans leur sommeil à chaque fois qu'on leur ferme les lumières dans face pour les forcer à dormir, à sept heures du soir, alors qu'ils aimeraient ça avoir le loisir d'écouter *La Voix*, comme tout le monde, pis de devenir fan de Yohan, le jeune cowboy country coaché par Isabelle-Boulay-la-matante-suave. Isabelle qui se sent obligée de dire des affaires profondes pis réconfortantes du genre : «T'as le don d'une voix qui peut faire tout ce que tu lui demandes. Ta voix est un cheval sauvage, pas un cheval de parade. Laisse ton cheval sauvage courir», quand elle veut pas de tel ou tel chanteur dans son équipe. Isabelle qui est obligée d'être habilement métaphorique pis outrageusement diplomate dans ses commentaires aux loosers! Parce qu'on la trouve-rait ben trop barbare d'être intransigeante dans son rôle de juge! Sauf que crisse, c'est censé être ça le rôle d'un juge! Rendre des verdicts constructifs, directs pis impitoyables sans faire de courbettes devant le condamné! Comment voulez-vous qu'ils orientent leur trajectoire professionnelle, ces jeunes-là, si on a pus le droit de leur dire de changer de métier avant que ça dégénère! Je les jalouse, je les admire pis je les envie, à Québec, quand ils se donnent le droit de soulever les aberrances artis-tiques pis sociales sur les ondes sans sensationna-lisme, sincères pis essentielles de Radio-X. Je me rappelle que je me transformais en femme fontaine, je mouillais dans mes tailleurs Chanel achetés au

Village des Valeurs, que ça débordait de mes bobettes pis que je tombais en bas de ma chaise à roulettes, entre 1996 pis 2004, quand Jeff Fillion pétait une *fuse*, qu'il s'insurgeait à tue-tête pis qu'il mettait la *chain saw* dans la fausse intégrité des politiciens sans envergure pis des vedettes poches de la planète show-bizz. Parce que moi, Fillion, je le trouve pas mal plus sensible, terre à terre pis proche du peuple que les gauchistes boboches qui rêvent en couleur dans leur monde de préservation des ressources naturelles, d'anéantissement de la guerre pis de fleur de lys de «body paintés» sur le *chest*. Vous savez, les mammouths laineux en veston de tweed pis en pantalons de corduroy qui parlent la bouche en trou de cul de poule en dessous de leur barbe crissement hirsute — parce que jamais taillée depuis l'échec du référendum de 1995. Les hippies vieillissants qui font figure de vieux sages en tenant des discours faussement érudits pis historiquement limités sur les tribunes chastes, *politically correct* pis édulcorées des stations de radio mièvres de Montréal. Ceux qui essaient de nous convaincre que notre environnement serait plus sain si Stephen Harper mettait sa face intelligente d'économiste aguerri sur des photographies officielles de conférence internationale sur le développement durable au lieu de concentrer ses énergies sur la croissance de l'enrichissement national. Les idéalistes sirupeux à qui j'ai juste envie de sacrer des coups de matraques dans le corps pour mieux les laisser agoniser dans leurs pensées moronnes! Parce que chus persuadée que si on pouvait mettre un stop au capitalisme dévorant, à l'*over*-industrialisation pis au surendettement actif, ben on serait quand même pognés pour faire vivre le tiers-monde pis ses immigrants opportunistes, exploiteurs pis profiteurs qui nous envahissent sauvagement; les noirs, les jaunes, les rouges pis les indéterminés qui se ramènent la carcasse dans des cales de bateaux pour venir crécher chez nous! Les ethnies mésadaptées à qui j'accorde quand même le droit à leurs langues maternelles, à leurs religions d'intégristes, à leurs costumes traditionnels pis à leurs câlisses de recettes de bouffe exotique pleine d'épices pas mangeables. Parce que mes accommodements raisonnables, j'ai beau pas être d'accord avec, je les respecte! Oui, je sais, j'ai l'air intense, ségrégationniste pis radicale, mais j'ai pas de barbe, pas de turban sur la tête pis je mange pas assez de *shish taouk* pour me faire exploser par une bombe dans un avion stratégiquement détourné par amour terroriste pour le dieu que je vénère. Pis c'est pas de la fermeture d'esprit, là, au contraire! Je suis très ouverte aux jeux sexuels non-prémédités avec un étranger de l'autre bord du globe, un sauvage avec un tomahawk pis un g-string de plumes qui y moule le paquet, un mâle alpha viril venu d'ailleurs, d'un autre continent ou d'une planète de Monsieur-Spock-pis-de-Klingons qui me déchargerait sa cargaison de sperme dans gueule quand je le piperais dans les toilettes du fond du Boeing pendant que mon décalé de chum baverait sur son oreiller mince de compagnie aérienne chiche tellement y est knocké solide par la formule «tout inclus» de nos deux semaines de vacances annuelles dans le Sud. Son voyage arrosé au rhum de Cuba pendant lequel j'ai les deux pieds dans le sable mais les mains liées à mon portable pour pas prendre de retard sur mes compétiteurs. Mais là, je vous regarde me regarder pis je juge que vous me jugez pis je vous trouve dégueulasses de vous faire des idées *out of nowhere* à propos de quelqu'un qui a le courage d'exposer sincèrement ce qu'elle ressent. Franchement, votre attitude, c'est bas, c'est vraiment bas. Parce que j'ai rien d'une révoltée de fond de sous-sol, d'une râleuse de tribunes téléphoniques ou d'une hostie de *bitch* que son flanc-mou de partenaire va aimer jusqu'à ce qu'il se retrouve père d'un enfant métissé — résultat d'un accident de fellation aérienne — gracieuseté de Sunwing. Pis c'est pas non plus parce que j'exerce un métier qui me permet de lire la chronique «Où vont vos impôts?» du Journal de Montréal au lieu de me farcir les lettres d'opinions des penseurs idéalistes de gauche du Devoir, en sirotant mon café-Guru, le matin, que j'ai les moyens de me pogner le cul à longueur de journée. Je suis à la tête de Passion confort / *Passion Comfort*, une PME qui va pas pire parce que je me démène en mongole pour que le succès se pointe la face. Ça fait que j'en ai pas de réceptionniste fif qui me prépare mon *morning-boost* avec plusse de grâce que les danseuses qui se démènent pendant leur moment de gloire de la steppette dans *Casse-Noisette all the way* décembre à la Place des Arts! Je travaille fort pis difficilement depuis la fin de mon HEC pour me lancer en affaires. Même si la conjoncture économique, les analystes, ma famille, mes amis pis mon amoureux étaient défavorables! Le seul encouragement que j'ai eu venait de Crunchy, l'écureuil imprimé sur mon pot de beurre d'arachide préféré! C'est grâce à la présence de mon ami le logo — pis à celle des nutriments «essentiels pour démarrer sa journée du bon pied» contenus dans la tartinade aux cacahuètes cheap de chez Super C — que j'ai trouvé la force, le courage pis la détermination pour gravir les échelons professionnels souhaités pis que je suis devenue présidente de la Jeune Chambre de commerce de l'Est de la ville! Toute une fierté! Mais, Crunchy-la-mascotte pis moi, on a beau s'investir pour le mieux-être des citoyens, on a beau poser des gestes concrets pour l'amélioration des conditions de vie de chacun, on a beau transgresser les modèles de gestions existants, n'empêche qu'on en arrache en ciboire! Le monde organise des soupes populaires pour les familles défavorisées, des téléthons pour les enfants malades, pis des concerts bénéfices pour Lac-Mégantic pis pour les grandes tragédies locales, mais personne s'affaire à sauver la classe moyenne du drame perpétuel de son existence. Aucune levée de fonds spéciale est mise sur pied pour t'aider à payer ton hypothèque, tes taxes scolaires pis le remplacement des plaquettes de freins sur ta Toyota Tercel 2007! Jamais! Faudrait arrêter de s'acharner sur les loosers, les BS, les paresseux, les malades en phase critique, les personnes âgées pis le reste des causes perdues pis soutenir ceux qui peuvent vraiment faire une différence pour la vitalité économique, la prospérité pis le rayonnement mondial du pays! Les gens pensent avoir le cœur sur la main parce qu'ils donnent leur vingt piasses annuel à Opération Enfant Soleil. Ils se sentent engagés, conscientisés pis sensibles quand ils versent une larme de tristesse en regardant le clip d'un bambin de deux ans qui est en train de crever à Sainte-Justine, mais ils se câlissent complètement du fait que la *shop* où travaille leur beau-frère est à veille de fermer pis que le gouvernement fait aucun *move* auprès de la multinationale pour éviter la perte d'emploi des huit cent cinquante-six employés qu'elle embauche. Ils braillent toutes les larmes de leur corps pour un bébé québécois qu'ils connaissent même pas ou pour un petit noir rachitique d'Afrique de l'Est, ils sont affectés par le divorce du couple gagnant de la dernière édition d'*Occupation Double*, mais le sort atroce des huit cent cinquante-six familles fragilisées les indiffère totalement! Félicitation! Bravo! On peut vraiment se réjouir de notre compassion collective! Aussi, c'est ben charitable de la part des Grands Ballets Canadiens de permettre à des jeunes filles issues de milieux défavorisés de faire rejaillir l'espoir pis la magie en elles en leur permettant de participer à *Casse-Noisette* avant de les retourner se faire fracasser la tête sur le comptoir de leur chez-eux si elles finissent pas de manger leur troisième repas de Kraft Dinner aux saucisses à hot-dog de la journée avant le début de la *game* de hockey pis la séance d'inceste du soir. Parce que oui, ça existe, des petites filles qui souhaitent que la Sainte-Flanelle fasse pas les séries, cachées sous les couvertures souillées de leur taudis insalubre de la métropole! Faut pas avoir un diplôme universitaire accroché dans son bureau de gestionnaire de PME pour le catcher! Mais d'avoir économisé deux cent quarante piasses sur mon salaire de brave femme d'affaires pour emmener l'homme qui me fait vivre voir «un classique ballet des fêtes» pis me farcir des danseuses amateures de fonds de ruelles, ça me fait chier sans bon sens! Mais d'avoir ma paire de billets VIP dans les mains pis de sourire plus blanc que blanc au cœur du très chic Quartier des spectacles pour la simple unique et excellente raison que je rate aucun nettoyage bisannuel chez le dentiste au lieu d'utiliser Crest Whitestrips pis de me scraper l'émail comme une consommatrice naïve me procure une sensation de prestige hors du commun. Assise sur mon siège rembourré de la Place des Artistes pas de Gloire, le *Nutcracker* québécois me divertit jusqu'à ce que j'aperçoive la trâlée de cas sociaux essayer d'être crédibles dans leur *suit* de souris défavorisées! À ce moment-là, je volerais les armes des *dropout* de Valcartier qui se sont engagés dans les Forces armées canadiennes par dépit, pour aller se faire mitrailler par erreur par des collègues qui savent pas tirer, pis je fusillerais toutes les souris pauvres qui défilent sur le *stage*! Geste héroïque qui leur permettrait d'échapper définitivement à leur vie de misère pis qui redonnerait à cette production traditionnelle de Noël le peu de lettres de noblesse dont elle peut encore se prévaloir. Bon, ça y est, vous vous dites que j'ai pas d'âme, pas de sensibilité pour les plus faibles que moi pis que je dois pas être capable d'être émotivement atteinte par une cause sociale pour tenir un pareil discours, mais vous vous trompez. Je suis pourvue d'un amour incontestable des animaux! Un amour vif, assidu, profond. La preuve, je ne me gênerais jamais pour sortir manifester en brandissant des pancartes hautes comme le World Trade Center du 10 septembre 2001, je me ferais poivrer, gazer pis ramasser par les bœufs, mais je troublerais quand même l'ordre public pour faire valoir les droits de l'écureuil gris adorable du grand Montréal urbain. Le seul animal capable de te sourire sur ton pot de beurre de peanut, les semaines où c'est rien que ça que t'as dans ton garde-manger, parce que tu génères juste assez de profit pour assurer un salaire correct à tes deux employés, mais que ta business a pas encore les reins assez solides pour que tu puisses te payer, toi! Tsé, c'est pas parce que les touristes français les considèrent davantage que nos œuvres d'art publiques pis que les lieux historiques qui font partie de notre patrimoine national, pis que ça nous blesse, qu'on peut se permettre de traiter nos amis les écureuils de saboteurs de jardins, de rongeurs enragés pis de mangeurs de McDo. Moi, les fois où ma business m'épuise, me vide pis me magane, je me dis que je pourrais retourner à l'université pis faire un doctorat sur «L'espérance de vie des écureuils en milieu bétonné et l'influence des mottons gris poilus d'animaux morts charcutés par les charrues sur les jeunes générations jouant au roi de la montagne dans les bancs de neige des grands centres du Québec». Mais je reprends le dessus pis je concentre toutes mes énergies sur Passion Confort / *Passion Comfort*. J'y investis toute ce que j'ai pis ce que j'ai pas pis je me démène vingt-sept heures sur vingt-quatre pour me payer une câlisse de détente de décembre à la salle Wilfrid-Pelletier de la Place des Pompeux de Subventions. Pis qui c'est que je vois à l'instant même où je me convaincs qu'en travaillant d'arrache-pied je peux me payer un petit luxe en m'évadant de ma réalité pis de celle de ceux qui m'entourent? Ben je vois la fille de ma voisine dans le *suit* de la souris de quatre cents livres de la production du *Nutcracker* qui se donne bonne conscience! Pis pas celle de ses deux petites qui a un potentiel de s'en sortir, non! La deux watts éteinte qui a un œil qui se crisse de l'autre! Ben oui, moi aussi, j'habite dans Hochelaga-Maisonneuve! Parce que dans le contexte économique actuel, démarrer une entreprise c'est un câlisse de coup de dés pis que j'ai tout investi dans Passion Confort / *Passion Comfort*! Je sue à grosses gouttes, je revire le bureau boutte pour boutte, je fais de la comptabilité inventive, je m'en sors sans déficit majeur, mais j'arrive *short*! Ça fait que quand je fais mes courses au marché Maisonneuve pis qu'on me quête un billet de cinq pour les bonnes œuvres du Docteur Julien, j'ai comme un hostie de malaise. Parce que le super sauveur de la jeunesse du quartier y est loin de se prendre pour de la marde! Si on veut l'aider à aider le monde faut lui donner des livres neufs, des jouets neufs, des jeux éducatifs neufs, du matériel d'art neuf, de l'équipement sportif neuf, des vêtements pour enfants ou pour adolescents neufs, des billets de spectacles ou d'événements sportifs, des chèques-cadeaux ou des instruments de musique en excellent état. Y ramasse crissement rien d'usagé!

Pourquoi? «Parce que comme bien des parents, les familles qui visitent notre centre désirent offrir un cadeau neuf à leur enfant. Durant la semaine suivant la Guignolée du Docteur Julien, ces parents viendront choisir un présent parmi les dons offerts à nos centres de pédiatrie sociale en communauté.» Heille, câlisse, Gilles Julien, si j'achète le dernier ouvrage pour enfants de Simon Boulerice, le dernier ouvrage pour adolescents de Simon Boulerice, le jeu Récréation — 100% québécois pis conçu avec l'aide de plusieurs enseignants du primaire pis d'une orthopédagogue spécialisée —, un kit de scrapbooking pour débutants de chez Omer DeSerres, un t-shirt Poids plume pour enfants, un t-shirt Message Factory pour adolescents, une paire de patins CCM, des billets pour le prochain concert de Cœur de Pirate au La Tulipe pis pour le prochain match des Alouettes au Stade Percival-Molson, si je paye pour un certificat-cadeau de chez Archambault pis que je te donne la guitare acoustique Gibson dont j'ai jamais joué pour m'impliquer dans ta démarche, ben je suis aussi ben d'aller faire le *line-up* au sous-sol de l'église pas belle du 2583 boulevard Pie-IX pis de m'inscrire sur la liste des familles désireuses d'obtenir un panier de Noël, si je veux pouvoir espérer manger de quoi le vingt-quatre pis le vingt-cinq décembre! En temps normal, quand quelqu'un de logique me demande d'être charitable, ça me fait plaisir de contribuer de l'argent de mon chum pis de nos denrées. On est heureux de partager ce qu'on possède pis de participer à une opération de solidarité envers les moins bien nantis! Ça nous met de la joie dans le cœur, du pep dans le soulier pis des cantiques des fêtes dans tête — *Les enfants oubliés traînent dans les rues / Sans but et au hasard / Ils ont froid, ils ont faim, ils sont presque nus / Et leurs yeux sont remplis de brouillard /*

Comme une volée / De pauvres moineaux / Ils ont pour rêver / Le bord des ruisseaux / Recroquevillés / Sous le vent d'hiver / Dans leur pull-over / De laine mitée / Les enfants oubliés traînent dans les rues / Sans but et au hasard / Ils ont froid, ils ont faim, ils sont presque nus / Et leurs yeux sont remplis de brouillard! Mais quand c'est le mangeur de magret de canard biologique pis le cuveur de grands millésimes à Christian Bégin qui m'incite à donner du non-usagé pour le Docteur Snob pis tiré à quatre épingles qui pratique à Hochelaga Beach mais qui habite sûrement à Ville Mont-Royal, ben ça me fait sauter une coche! Pis, pire encore, qu'on laisse les débiles légers de mon quartier de tout croches envahir les scènes de prestige qui accueillent des shows qui coûtent un bras pis une jambe aux bourreaux de travail qui s'épuisent à l'ouvrage à longueur d'année, ça me donne le goût de casser des gueules! Cette légume-là, dans son costume de souris qui vaut trois fois mon salaire mensuel potentiel, ben on habite dans le même bloc-appartements pis on paye le même tabarnack de loyer! Sauf que, techniquement, je débourse pour le mien pis pour une partie du sien... parce que le BS de sa mère y tombe pas du portefeuille du tit-Jésus, mais du mien, boutte du crisse! Ça fait que vous pouvez comprendre que mes voisins je les maudis, je maudis leur peu d'intelligence, leur peu d'envergure pis leur opportunisme qui vient me bousiller jusqu'à mes sorties de couple! En plusse de m'arracher de l'argent durement gagné parce que mes impôts les font vivre! Vous savez, c'est pas parce qu'ils ont à peu près pas d'éducation, pas d'ambition pis qu'ils l'ont pas eu facile que je prends plaisir à péter les *tires* de leurs vieux bazous pour les mettre davantage dans dèche, non! C'est parce que chus pus capable, que je les déteste, que je me déteste pis que je déteste le monde. J'haïs tout le monde sauf le chum que j'affectionne au point que la peur qu'il se pende en bas du pont avec des lames de rasoir dans les veines quand il va découvrir que je pourrais le tromper pas de capote avec toute ce qui bouge pis qui bouge pas me fait faire de l'angoisse, de l'eczéma pis de l'insomnie. J'haïs les têteux qui s'entassent dans les transports en commun, les commères de salle d'attente qui se racontent leurs vies dans le détail dans la file interminable du CLSC du 4201 Ontario Est. Je les déteste quand ils se répandent pis qu'ils se plaignent de leur vécu de martyres à *La Facture* pis à *Enquête*! J'exècre le monde pis leur paresse, leur latence, leur immobilisme. Pis à ceux qui me trouvent trop raide pis qui me suggèrent tout aussi radicalement d'être tendre, je réponds : «*No way*, dans le cul, continuez de vous enfarger dans vos nuages mal pelletés, d'avaler des ballounes à l'hélium pis des papillons en liberté de l'Insectarium de Montréal pis de planer au-dessus de vos rêves comme des crisses de grosses montgolfières qui servent juste à faire vendre de la barbe à papa rose, jaune pis bleue, dans les festivals de Gatineau pis de Saint-Jean-sur-Richelieu, pis fermez vos gueules.» Aujourd'hui, le Québec est dans un *warp zone* politique pis je pourrais perdre ma PME à cause de la fragilité économique ambiante. Perdre mon partenaire de vie à cause de mes écarts de loyauté. Perdre mes billets de spectacle dans une rafale de verglas. Je pourrais même attraper la rage en nourrissant l'écureuil *too much* cute qui enterre ses glands sur la montagne touristique qui nous sert à décrocher de nos problèmes. Pis c'est de la faute de qui, de la faute de quoi? Celle de nos dirigeants qui mettent pas leurs culottes, celle d'internet, celle de Facebook, celle de Tinder pis celle de l'annonceuse plantureuse en tailleur des années quatre-vingt engagée par MétéoMédia pour nous annoncer des tremblements de terre, des anticyclones pis des tragédies planétaires. C'est de la faute des itinérants qui se promènent dehors en shorts à moins cinquante-deux degrés Celsius pis qui sèment le chaos dans les rues mal déneigées d'Hochelaga-Maisonneuve. C'est de la faute des Femens qui se montrent les boules dans l'espoir de faire flyer le crucifix de l'Assemblée nationale au lieu de revendiquer la nécessité de se les faire pogner plus souvent par des amants qui ont le tour. C'est de la faute des prostituées qui font invalider des articles de lois qui vont les conduire vers la légalisation de leurs actes. C'est de la faute de l'hostie de clown qui fait du cirque qui est pas du cirque, qui s'achète des îles en Polynésie française pis qu'on envoie dans l'espace sur le bras de la fondation One Drop. C'est de la faute des gangs de rue qui se rentrent des poignards dans le dos pis des drogues dures dans les veines. Pis c'est de la faute de Marie-Ève Janvier pis de Jean-François Breau qui enregistrent des disques, qui donnent des entrevues, qui animent des émissions pis qui prennent possession de toutes les tribunes pour nous forcer de les trouver sweets pis cutes pis irréprochables pis de baver de jalousie devant la pureté incontestable de leur amour inconditionnel! Mais c'est surtout de ma faute à moi. Je sais que le jour où mon chum va me câlisser là pour quelqu'un d'honnête, que Passion Confort / *Passion Comfort* va fermer ses portes pis qu'il va juste me rester ma télé de quatorze pouces qui pogne rien que *Série noire* pis que je vais être obligée de me farcir l'autre débile qui fesse sur tout le monde avec ses nunchakus, quand je vais souffrir de mes multiples morsures d'écureuil en maudissant mon existence, je sais que ce jour-là, je vais toucher le fond pis que je vais le toucher seule, sans compassion de la part de quiconque. Mon calvaire je vais le vivre sans meilleure amie gossante-mais-pas-tant-que-ça qui débarquerait chez nous avec une couverte en polar, un assortiment de tisanes artisanales pis une *batch* de potage à la courge musquée, au gingembre pis au curry, apprise par cœur pis en pensant à moi, en feuilletant le dernier livre de recettes de Josée di Stasio. Je sais que mon malheur je vais l'affronter sans présence réconfortante pour me faire rire aux éclats pis chasser doucement mon spleen. Y aura personne pour partager ma bouteille de fort, le vendredi soir, quand je vais vouloir finir la semaine en vacillant, m'écrouler au milieu de la place sans que ce soit pathétique, avoir l'ivresse heureuse pis que mes tripes détwistées fassent l'étoile dans des piscines de *resort* remplies de Havana Club vieilli sept ans. Y aura zéro âme qui vive pour me dire de mettre de l'eau dans mon *vinho verde*, dans mon amertume pis dans ma bière. Personne pour m'empêcher de brailler ma vie, de mélanger toute ce qui s'ingurgite pis de me déverser sans arrêt comme une mère de la rue Davidson chez qui la DPJ débarque pour y arracher définitivement ses trois enfants, à quelques jours du Nouvel An. Quand je vais décider de faire un *backwash* avec ce que j'ai dans le crâne, de m'auto-lobotomiser pour cesser de soutenir mes pensées, de subir celles des autres pis de souffrir des deux, quand je voudrai pus rien affronter comme misère ambiante, comme malheur interne, comme pauvreté *at large*, y aura pas de résistance, pas d'objection pis pas d'opposition à ce que je me suicide à petit feu! Au moment où mon empire personnel va crisser le camp, qu'ils vont remplacer Crunchy-l'écureuil-mascotte-des-pots-de-beurre-de-peanut par un logo design conçu par un jeune hipster diplômé de l'UQAM, y aura pus aucune présence bienveillante pour s'assurer que mon cœur encaisse le choc pis que ma tête reprenne le dessus. Parce que, d'aussi loin que je me souvienne, c'est toujours moi qui ai brusqué, agressé pis varlopé les autres. Ça fait que je me retrouve toute seule en tabarnack en dessous de ma carapace! Pis si jamais quelqu'un ose prendre le canon de mon char d'assaut, le revirer de bord pis me le pointer dans face, je vous jure que je vais le laisser tirer. *Big time* que je vais le laisser tirer!

3 – J'intègre

*La Fille qui intègre. Temps des terrasses
et de la Fête nationale.*

LA FILLE QUI INTÈGRE

Ce n'est pas vrai que je vis dans un ghetto. Ce n'est
pas vrai que j'ingurgite seulement de la nourriture
épicée. Ce n'est pas vrai que je ne suis pas capable
d'accorder correctement mes participes passés. Ce
n'est pas vrai que je ne suis pas capable de m'accorder
avec le peuple dévoué qui m'accueille avec compassion, mais que je profite du programme d'assurance
maladie et que j'abuse de la bonté des travailleurs de
ma terre d'accueil en recevant de l'aide sociale. Ce
n'est pas vrai que je ne pratique pas le sexe oral. Ce
n'est pas vrai que je ne mange pas de porc, que je ne
mange pas de bacon et que je ne mange pas de saucisses. Ce n'est pas vrai que je n'ai pas la moindre
idée de ce que c'est que des oreilles de crisse! Ce
n'est pas vrai que l'on m'a mariée de force, à treize
ans, avec un ex-tortionnaire qui a le triple de mon
âge. Ce n'est pas vrai que je reste à la maison pour
m'occuper de mes neuf enfants pendant que mon
époux travaille au noir, dans trois boulots différents,
pour qu'on puisse espérer joindre les deux bouts. Ce
n'est pas vrai que je me voile intégralement le visage.
Ce n'est pas vrai que je ne m'épile pas le pubis, que je
ne m'épile pas la moustache et que je ne m'épile pas
les aisselles. Ce n'est pas vrai que je me lave seulement deux fois par semaine et que je partage mon
eau de bain avec les onze membres de ma famille

pour économiser. Ce n'est pas vrai qu'on habite dans le même cinq et demi avec moisissures. Ce n'est pas vrai qu'on dort sans draps sur des matelas de styromousse qu'on étale vulgairement par terre au milieu de l'espace. Ce n'est pas vrai qu'on est envahis par les souris, par les coquerelles et par les rats et qu'on les fait revenir sur le feu en les assaisonnant avec du harissa «home made», les jours où on n'a rien de mieux à se mettre sous la dent. Ce n'est pas vrai que je votais systématiquement pour les libéraux. Ce n'est pas vrai que je vote actuellement pour les conservateurs. Ce n'est pas vrai que «je mouille» sur Stephen Harper. Ce n'est pas vrai que je suis contre la loi 101. Ce n'est pas vrai que je vous traite de kéb. Ce n'est pas vrai que la seule chose de la culture québécoise qui m'intéresse c'est le contenu des quatorze albums anglophones de Céline Dion. Ce n'est pas vrai que je ne tolère pas l'alcool. Ce n'est pas vrai que je ne tolère pas l'hiver. Ce n'est pas vrai que je ne tolère pas Québec Solidaire — même si Amir Kadir est un comme moi. Ce n'est pas vrai que j'ai de la famille dans la mafia, que j'ai de la famille dans la Gestapo, que j'ai de la famille dans Al-Qaïda et que j'ai de la famille dans le Cartel de Medellin. Ce n'est pas vrai que j'ai des amis dans les Crips, que j'ai des amis terroristes et que j'ai déjà subi l'ablation du clitoris. Ce n'est pas vrai que j'étais étendue sur la table d'une cuisine de Saint-Léonard quand on m'a charcuté les organes génitaux, que c'est mon arrière-grand-mère qui s'en est chargée et qu'elle l'a fait avec le même couteau qui avait servi à égorger le poulet qu'on avait mangé pour souper. Ce n'est pas vrai que le reste de la famille filmait fièrement la scène avec son iPhone pendant que je hurlais de douleur et de honte, implorant qu'on empêche la vieille sanguinaire de m'arracher une partie de ce que je suis. Ce n'est pas vrai que je vole à l'étalage, que je vole vos emplois, que je me sens menacée, que je me sens ostracisée et que je milite agressivement pour l'augmentation du nombre des lieux de culte de ma religion pendant que vos églises ferment leurs portes pour se transformer en condos de luxe habités par les bobos du Plateau. Oui, je sais que j'ai «une coche» de couleur de peau, de couleur de cheveux et de couleur de yeux de plus foncée que la moyenne québécoise, mais je ne suis pas moins «chicks», moins «plotte», moins «slotte», moins «baisable» et moins «fourrable» pour autant! Oui, j'avoue que je sais cuisiner des recettes avec des légumes tellement repoussants qu'on a peine à croire que ça puisse être digeste! Ce qui ne m'empêche pas de maîtriser le steak-blé-d'inde-patates à merveille! Oui, je sais que les gais existent, que les lesbiennes existent, que les transsexuels existent, que les bisexuels existent et que les plurisexuels existent. Je sais que ça existe en Russie et que ça existe aussi en dessous d'un hijab. Et non, je ne suggère pas de les gazer, de les poivrer, de les ligoter, de les lapider ou de les asseoir sur une chaise électrique. Ce n'est pas de ma faute, ni de celle de mon grand-père, ni de celle de mon cousin, si la peine de mort existe. Ce n'est pas de ma faute, ni de celle de la nièce de ma voisine, ni de celle de la sœur de ma grand-tante, si les Chinois facturent la balle avec laquelle ils exécutent le condamné à mort à la famille de la victime. Mais oui, dans le pays où je suis née, les filles savent se mouvoir suavement sur une piste de danse. Sans haut-parleur géant, sans cage de verre et sans poteau de stripteaseuse pour se frotter dessus. Elles savent le faire avec sensualité, avec rythme, avec élégance. Ça oui, j'avoue que dans mon pays d'origine, on excelle dans ce domaine, mais non. Non! Je dois vraiment me résoudre au fait que non. Je n'ai jamais écouté un seul épisode de

Passe-Partout avec mes amis d'enfance. J'avoue être arrivée trop tard pour prendre part à l'émission culte qui donne son nom à ma génération. Oui, je sais que vous vous moquez de ma déception d'avoir raté sa diffusion et que vous m'enviez, peut-être, de ne pas m'être obligatoirement farcie Marie Eykel qui sautille partout, Jacques L'Heureux avec son nœud papillon coloré et Claire Pimparé qui chante : *Dites-moi monsieur le chat / Où est madame chatte / Si vous ne le savez pas / Donnez votre langue au chat*, en se léchant perversement l'avant-bras jusqu'à la hauteur du coude, à quatre pattes sur le plancher du décor de l'émission. Pourtant, j'ai beau essayer de faire du rattrapage en visionnant les coffrets de DVD avec les enfants du CPE dont je m'occupe, j'ai l'impression d'être passée à côté de ce qui aurait dû me dicter la marche à suivre. Et je ne parle pas de me faire dire comment vivre ma vie, je parle de m'indiquer comment me «pogner» un gars! Un gars qui me «fourre», qui me «défonce» et qui me «baise»! Au début, je pensais que ça viendrait en «ayant les mêmes références culturelles» et aussi en «étant consciente des événements historiques qui ont marqué le Québec». Alors, j'ai arpenté les bibliothèques publiques et j'ai appris Jacques Lacoursière, Marcel Tessier et Jean-Claude Germain par cœur. Puis, j'ai dirigé mes lectures du côté d'une cinquantaine d'essayistes d'ici. De Fernand Dumont à Serge Bouchard à Mathieu Bock-Côté, à Dominic Champagne, à Gabriel Nadeau-Dubois. Mais les hommes rencontrés au *Tops* de Boisbriand, au *Moomba Supperclub* de Laval et dans les autres bars de la Rive-Nord fréquentés par mes jeunes collègues de travail me disaient: «T'es vide, t'es rien, t'es pas assez ouverte, tu nous connais pas, tu sais pas d'où on vient». Alors, je me suis rabattue sur un médium plus populaire et j'ai visionné *Pour la suite du monde* de

Pierre Perrault, *La mort d'un bûcheron* de Gilles Carle, *Kamouraska* de Claude Jutra, *Les Ordres* de Michel Brault, *L'eau chaude, l'eau frette* d'André Forcier, *Le Déclin de l'empire américain* de Denys Arcand, *Un zoo la nuit* de Jean-Claude Lauzon, *15 février 1839* de Pierre Falardeau, *Gaz Bar Blues* de Louis Bélanger, *C.R.A.Z.Y.* de Jean-Marc Vallée, *À l'origine d'un cri* de Robin Aubert, *Polytechnique* de Denis Villeneuve, *Inch'Allah* d'Anaïs Barbeau-Lavalette, *3 Histoires d'Indiens* de Robert Morin, *Tu dors Nicole* de Stéphane Lafleur et *Mommy* de Xavier Dolan. Puis, je suis sortie à Montréal, avec des membres de ma communauté. D'abord dans les bars du Quartier latin où j'ai trouvé l'échantillonnage trop jeune — je m'occupe déjà d'une clientèle préscolaire le jour, j'exige qu'il y ait un contraste réel avec les garçons que je fréquente le soir! Puis, nous nous sommes attaqués aux clubs de nuit du centre-ville. Je me disais: «Les hommes de la rue Crescent ont de belles voitures, des vêtements qui ont de la classe, ils me paient des cocktails à treize dollars l'unité, ils vont très certainement m'inviter à aller voir des documentaires sous-titrés, à Excentris, et je vais les impressionner parce que je n'aurai pas besoin de lire les sous-titres pour comprendre le film! Puis, on va passer la nuit ensemble, dans leur loft de jeune professionnel, à faire l'amour comme s'il n'y avait pas de lendemain!» Mais, les garçons du *Sharx Pool Bar*, du *Thursday's*, du *Sir Winston Churchill Pub*, du *Oyster Shack* et du *W Hotel* m'ont dit: «Tu fais toute tout croche, tu comprends rien, on savait même pas que ce monde-là c'était des réalisateurs, ça nous intéresse pas, c'est pas ça le Québec». En fait, la plupart des garçons tirés à quatre épingles qui étaient présents sur les lieux c'était des Arabes, des blacks et des Latinos. Des Arabes, des blacks et des Latinos qui m'ont surtout dit: «*You understand nothing. We don't know those movies. It's not our Quebec.*» Et les seuls Québécois présents, faussement chics dans leurs vestons cheaps achetés chez Moores, m'ont suggéré de regarder *De père en flic* avec Louis-José Houde, *Nitro* avec Martin Matte, *Camping sauvage* avec Guy A. Lepage, *Bon cop, bad cop* avec Patrick Huard et *Le vrai du faux* avec Stéphane Rousseau. Alors, je me suis dépêchée d'écouter ce que mes princes francophones, dans leurs complets en dégradés de brun, me conseillaient de découvrir. Cela m'a donné le goût de retourner dans le pays qui m'a vue naître. Pays où j'ai complété un doctorat en sociologie pour mieux «torcher» vos enfants dans un CPE de Villeray–Saint-Michel, quatre ans plus tard. Pays d'origine dont je ne sais plus grand-chose parce que votre couverture médiatique des conflits mondiaux est désolante, imprécise et mensongère. Mais je suis retournée sur les terrasses de la rue Mont-Royal, dans les cafés proches de l'UQAM et dans les bars du quartier des affaires. J'ai testé mes techniques et mes connaissances sur des faunes différentes, presque toujours indifférentes aux discussions que j'avais envie d'avoir avec eux. Mais, à force de persévérance, j'ai enfin pu me faire «défoncer» par un Québécois! Un gars qui n'avait miraculeusement pas seulement le goût de «se ramasser une fille» et de «la pinner plusieurs fois dans les toilettes avant le *last call*», mais un type qui a pris la peine de me parler et de m'inviter courtoisement chez lui. Nos ébats ont commencé normalement. Sensuellement, même! Et au bout d'une quinzaine de minutes, il m'a dit: «Appelle-moi Stan, s'il te plaît, appelle-moi Stan!» Et j'y ai consenti. Après tout, je pouvais bien contribuer à décupler son plaisir! Mais, au fur et à mesure que je l'appelais Stan, j'ai constaté que ce prénom étrange ne m'était pas totalement étranger. Et, au moment où j'ai commencé mon chemin vers l'orgasme, le déclic s'est fait dans mon esprit. Mon Québécois voulait que je l'appelle comme l'entraîneur des *Boys*. Un rapide coup d'œil en direction de sa table de chevet m'a fait remarquer qu'il n'y avait pas seulement une boîte de Kleenex et des condoms sur ledit meuble, mais qu'il y avait également un sifflet. Un sifflet d'entraîneur de hockey! Je m'en suis aussitôt emparé et je le lui ai passé autour du cou. Pendant qu'il ponctuait mes paroles d'autant de coups de queue que de coups de sifflet, j'ai gémi : *Regardez-moé à soir, j'ai le moral d'une Cadillac. À cause de qui? à cause de Stan! OK les blacks sont gros, sont forts, des grosses épaules, font peur. Font peur! Mais c'est quoi notre force nous autres? Le mental. La dureté du mental. Pis icitte, présentement, y'en a pas mal plusse qu'on pense du mental! La chambre est remplie de mental!* Puis j'ai atteint l'orgasme. Un orgasme en chemise carreautée, un orgasme d'aurores boréales, un vrai orgasme de «passe sur la palette» et de «scorage drette dans le net!»! Mais je n'ai pas eu envie de revoir mon «de souche», mon «pure laine», mon «tricoté serré». Pas eu envie que ça recommence, que ça se reproduise et qu'il me demande de lui faire l'amour en portant des patins, un jack-strap et des «pads de goaler», la prochaine fois. Je veux rencontrer un homme avec des grosses mains, une grosse carrière et un gros pénis, je l'avoue. Un homme qui sait couper des rondins avec une scie à chaîne et chasser l'orignal en récitant des passages de *La foi du braconnier* de Marc Séguin. Un homme qui rate toujours son risotto aux courgettes, mais qui réussit infailliblement ses côtes levées sur le barbecue. Un homme qui se fringue chez Dubuc, qui se chausse en véritable cuir d'Italie, qui assume ses cravates funkys et qui ne porterait jamais de boxers défraîchis. Un homme qui est allé voir *Gurov et Anna* de Rafaël Ouellet, au Beaubien, qui fait du jogging en se levant le matin et qui joue de la batterie dans un groupe de rock de garage pour faire passer sa rage. Un homme qui fait des «fuck you» aux petites familles parfaites qui partent en camping dans leur Dodge Caravan quand il les coupe en écoutant la version symphonique des *Douze hommes rapaillés chantent Gaston Miron*, dans sa BMW décapotable flambant neuve, sur l'autoroute des Laurentides. Mais il n'y a pas un seul jeune trentenaire québécois qui veut être stimulé quand il «s'effouère» avec sa bière pour écouter *30 vies*, dans son fauteuil El-Ran, à dix-neuf heures le soir, comme s'il était âgé de quatre-vingt-dix-sept ans et que ses organes vitaux trempaient déjà dans le formol! Il n'y a pas un garçon d'ici qui veut être en couple avec une fille qui rêve de devenir propriétaire de cabane à sucre, une jeune fille dont l'objectif serait de se partir une entreprise d'acériculture biologique sur un toit vert. Quelqu'un qui connaît toutes les étapes de transformation de l'eau d'érable sur le bout de ses doigts et qui aspire à faire travailler des Pakistanaises de Parc-Extension dans sa propre fabrique de ceintures fléchées artisanales. Une femme qui a l'ambition de s'enraciner quelque part et d'honorer la fierté qui pousse en elle en la cultivant au sens propre et pas seulement au sens figuré. Une fille qui préfère la voix chaude, réconfortante et profonde de même que les réelles qualités d'interprète d'Isabelle Boulay aux gémissements techniques, nasillards et sans émotion de Céline Dion. Une fille qui s'investit pour sa patrie et qui aime le Québec autrement que lorsqu'elle regarde «péter les pétards» d'un feu d'artifice «pas de budget» à tous les vingt-trois et les vingt-quatre juin qui défilent dans sa vie. Une fille qui rêve de monter

sur la scène des plaines d'Abraham ou du parc
Maisonneuve et de dire, avec une voix pleine d'assurance, et en étant complètement capable de voiler
son accent, de vous dire, à vous, qu'à chaque année
c'est la même chose. À l'approche de la Fête nationale, j'attends les discours patriotiques de Québec et
de Montréal avec «une brique pis un fanal». Dési-
reuse de lancer la brique au comédien étiqueté sou-
verainiste qui va user de ses gestes de tragédien et de
l'infaillible trémolo de téléromans populistes dans sa
voix d'acteur diplômé pour soulever la foule au
maquillage bleu dégoulinant qui «beugle» les paroles
du même «hostie» de pot-pourri «dégueulasse» qu'on
subit à chaque année — *Y a pas grand chose dans le ciel
à soir, Bobépine, Frédéric, La bitte à Tibi, Marie-Stone,
Provocante, L'étranger, Lady Marmelade, Les ailes d'un
ange, Bozo-les-culottes, Mes blues passent pus dans
porte, Le monde est stone, La complainte du phoque en
Alaska, Le tour de l'île, La danse à Saint-Dilon.* À tous
les ans, c'est la même rengaine, je suis décidée de
brandir mon fanal pour obliger les auteur(e)s des discours patriotiques de Québec et de Montréal à parler
directement aux Québécois. Parce qu'il faut les empêcher de dire «juste les belles affaires» de notre histoire et leur interdire de magnifier notre ici-mainte-
nant social-politique, alors que tellement de choses
du Québec nous donnent mal au cœur. À chaque
année, je me dis qu'on doit être «une bonne gang», à
vouloir «refocusser le spot» des mots prononcés pour
soulever la foule des plaines d'Abraham et du parc
Maisonneuve. À chaque année, je me dis que moi, si
j'avais à m'adresser aux Québécois, je m'adresserais
pas à eux en tant que peuple, mais que je m'adresserais directement aux individus. Que je leur dirais que
je les comprends d'être «écœurés» de se faire parler
d'eux «au nous», de se faire dire que nous sommes

beaux «pis» bons «pis» braves «pis» valeureux «pis» riches de notre héritage». «Écœurés» de se faire dire qu'on est porteurs «pis» semeurs de «toute», que nous sommes des héros des temps modernes et que, de ce fait, le Québec peut et devrait devenir un pays. Si je devais déclarer mon amour et mon admiration au Québec, je parlerais aux individus en leur disant que je les comprends d'être perdus et craintifs et de ne jamais se sentir à la hauteur des ambitions que la société entretient à leur égard. Leur dire que je les comprends de se sentir «comme de la marde» dans leur quotidien ordinaire parce qu'on valorise juste ceux qui partent gravir le Kilimanjaro, juste ceux qui font des reportages en direct des zones de guerre les plus dangereuses, juste ceux qui s'enferment dans des laboratoires de haute technologie pour faire avancer la science, juste ceux qui écrivent des best-sellers vendus dans le monde entier, juste ceux qui découvrent «des affaires» complexes qui révolutionnent la médecine. Mais pas ceux qui travaillent dans des usines d'assemblage de pièces de plastique, pas ceux qui te vendent ton ordinateur chez Bureau en Gros, pas ceux qui te conseillent une paire de bas cent pour cent coton quand t'as mouillé les tiens «en te faisant pogner par la flotte» et pas ceux qui «bookent» ton prochain voyage à Cuba dans leur petite agence de voyages d'Hochelaga-Maisonneuve. Si j'avais à déclarer mon amour aux Québécois, je leur parlerais de la force que ça prend d'habiller un bébé «pis» de le sortir pour aller le porter à la garderie en février à moins vingt-cinq degrés, je leur parlerais de la virtuosité que ça prend pour convaincre un adolescent qui broie du noir de ne pas se pendre dans le sous-sol, de la virtuosité que ça prend pour mettre au monde «pis» élever des enfants, point final. Je leur dirais que c'est valeureux d'aller à des traitements de chimiothérapie, «pis» à des ateliers d'accueil des nouveaux arrivants, «pis» à des «meetings» de AA, «pis» à des rencontres avec son agent d'aide à l'emploi, «pis» à des cours de yoga, «pis» à des pratiques de basketball, «pis» à du rattrapage scolaire, «pis» à des cinq à sept professionnels, «pis» à l'Accueil Bonneau, «pis» à des vraies *dates* organisées virtuellement par des sites de rencontres. Je leur dirais que c'est normal de «faire dur» et de se faire donner des contraventions de style par Jean Airoldi quand on magasine au Carrefour Laval, le samedi matin, que c'est normal de voter pour son candidat de télé-réalité favori le dimanche soir en zappant avec *Tout le monde en parle* et que ça évite bien des ulcères de «sacrer comme un charretier» et de klaxonner de rage quand un «tabarnack de tata» te coupe imprudemment au beau milieu des bouchons de circulation! Je leur dirais que ça prend de la force pour se remettre d'une peine d'amour, «pis» que c'est salvateur d'inviter un ami à souper, «pis» que ce l'est «encore plusse» si on a pris la peine de lui cuisiner la recette pour laquelle il avait l'air de saliver en feuilletant le dernier magazine de Ricardo. «Pis» je leur dirais que c'est normal de s'en remettre à Ricardo, à Josée di Stasio «pis» à Stefano Faita pour boucler cinq soupers sur sept pour mieux se commander du restaurant les deux autres soirs! Je leur dirais que ça se peut que de refaire le monde avec ses «chums» devant de la bière «pis» un gros sac de nachos avec de la salsa piquante nous remettent les idées et le cœur en place. Je leur dirais que ce n'est pas parce qu'on nous donne constamment l'impression de ne jamais avoir rien vécu / vaincu qu'on est pas capables de comprendre et de vivre ce qu'on a à comprendre et à vivre. Je leur dirais de continuer de se battre, au quotidien, pour atteindre des objectifs personnels réalistes. Je leur dirais que c'est par ces victoires individuelles-là qu'on va faire avancer le Québec collectif de maintenant, d'aujourd'hui. Je leur dirais que c'est par eux que le Québec se dépasse et génère des individus d'élite qui escaladent le Kilimanjaro, qui font des reportages en direct des zones de guerre les plus dangereuses, qui gagnent des prix littéraires et qui font faire des avancées prodigieuses à la médecine et à la science. Que ceux que nos médias mettent de l'avant, élisent personnalités de l'année et interviewent dans les journaux ont été générés par des mères qui les ont habillés pour aller à la garderie, l'hiver, à moins vingt-cinq, par des pères qui ont travaillé dans des usines d'assemblage de pièces de plastique, par des amis qui leur ont remonté le moral en leur cuisinant des nachos avec de la salsa piquante, des recettes de Stefano Faita et du poulet indien tikka masala. Je pourrais m'emparer de la scène, «m'ouvrir la trappe» et vous le dire. Dire à quel point je vous sens forts et fragiles en même temps. Dire à quel point c'est cette contradiction-là qui est belle. Dire à quel point elle vous rend si charmants. Je pourrais me tenir debout sur la place publique, drapée de mon drapeau fleurdelisé, et vous hurler mon attachement jusqu'à ce que cela franchisse la barrière de scepticisme à laquelle je me heurte toujours. Parce que je vous devine malhabiles en amour et parce que je vous sais méfiants lorsque l'on vous chante la pomme, je vais fermer ma gueule et retourner prendre soin des enfants de la métropole. De ceux qui se côtoient dans les CPE sans percevoir de différences entre eux. Je vais fermer ma gueule et continuer de fredonner la chanson d'Isabelle Boulay que je mets aux bambins métissés de Montréal pour les calmer avant la sieste : *À l'âge que j'ai je veux voyager léger / Aucune amarre pour m'empêcher de partir /*

Rien à déclarer et rien pour m'alourdir / Comme cette vieille valise remplie de souvenirs. Parce que je sais ce que c'est que de la cannelle. Parce que je sais ce que c'est qu'un pruneau. Mais que j'avoue ne pas avoir été capable de me rendre plus loin que le troisième épisode du deuxième disque, du premier coffret de DVD de *Passe-Partout*. Parce que je sais ce que c'est que de quitter une partie de sa famille sans savoir si on la reverra un jour. Parce que je sais ce que c'est que de devoir compacter l'ensemble de ses souvenirs dans un minuscule sac de voyage. Parce que je sais que *Tous les trains / Tous les bateaux / Tous les avions / Ne m'emmèneront / Jamais assez loin.* Parce que ma peau, mes gestes et mes pensées ne seront jamais assez blanches, jamais assez «d'icitte», jamais assez «made in Québec» pour que vous acceptiez que mon cœur puisse battre au même diapason que le vôtre. Parce que ma langue, lorsqu'elle est rattrapée par l'émotion, arrive encore très mal à dissimuler qu'elle en cache une autre. Parce que même debout devant vous sur les plaines d'Abraham ou au parc Maisonneuve, même en empruntant vos mots et votre accent, je n'arriverai pas à vous convaincre que je vous voudrais souverains. *Je veux laisser mon cœur / Je veux laisser mon cœur / Je veux laisser mon cœur / Voler.* Parce qu'il n'y a pas un Québécois qui pourrait accepter le cri d'amour patriotique de quelqu'un d'intégralement perçu comme une mal intégrée. De quelqu'un qui se sent, constamment, désintégré par l'exil.

4 – J'adule

La Fille qui adule. Temps des représentations de J'accuse *et des comptes à régler.*

LA FILLE QUI ADULE

C'est pas vrai que je laisse aucune distance, que je demande l'impossible, que j'entre par effraction dans sa vie privée pis que je salope les planchers cirés de sa destinée qui brillent comme un firmament d'étoiles filantes qui *shinent* dans le ciel. C'est faux d'affirmer que j'ai pas de respect pour son jardin secret, que je sabote son intimité à force de faire des sit-in d'amour gratis dedans pis que je lui offre des bouquets de fleurs dans l'unique espoir d'aller la voir en loge. C'est faux d'avancer que je lui hurle mon admiration entre chacune de ses chansons, que mes cris la déstabilisent, que mes hurlements la gossent pis que mon comportement répréhensible empêche mes voisins de sièges de passer un bon concert. C'est pas vrai que je la déconcentre avec mes applaudissements tonitruants, avec mes cris de groupie qui frôlent la folie pis avec mes phéromones qui font des backflips de joie humide. C'est pas vrai que je tombe dans les pommes, que je tombe dans le pathos pis que je tombe en bas de mon banc à chaque fois qu'Isabelle Boulay chante à l'avant de la scène en balayant la salle du regard pour enraciner ses yeux dans les nôtres. C'est faux de prétendre que je me délecte de ce moment-là, que je m'en lèche perversement les doigts pis que je me masturbe en repensant à ses clins d'œil charmeurs, dans les toilettes de la salle de spectacle, pendant l'entracte. Je suis pas l'hostie de nunuche sans discernement que tu penses que je suis, Annick Lefebvre! Je le sais qu'Isabelle Boulay voit jamais nos faces parce que les *spotlights* l'aveuglent! Oui, t'as raison d'affirmer que je rentre chez moi *over* en émoi, épuisée de m'être extasiée, euphorique chronique pis aphone pas le fun, mais fière de m'être levée pour danser, entre le *stage* surélevé pis la première rangée, avec mes bottes de cowboy achetées au Festival western de Saint-Tite, quand elle a chanté *Everytime Two Fools Collide*, avec Kenny Rogers, en 2007, mais c'est faux de soutenir que je sais pas comment agir en sa présence — pas plusse que je sais comment survivre en son absence — pis qu'un filet de bave disgracieux me dégouline de la bouche juste à penser que j'y touche, qu'elle me touche, que ses bras m'enlacent pis que ses lèvres se posent sur ma peau. C'est fou d'insinuer que mon adoration maladive devient l'épicentre de mon existence, que ça provoque des secousses sismiques en dedans de moi, que ma foi en des lendemains qui chantent réside dans l'attente de la sortie du prochain album, que j'ai patenté un système téléphonique qui me permet de pirater les lignes des stations de radio pis de gagner tous les concours qui me donnent l'occasion de la rencontrer, que ma vie repose sur du vide pis que je la remplis par du mièvre au lieu de la remplir d'un rêve pragmatique pis rationnel qui me permettrait d'avancer concrètement. C'est pas vrai que je suis plus pathétique que les chansons que j'écoute, pis que ça, ce pathétisme-là, ben ça devrait me convaincre de tout stopper, d'arrêter de m'entêter à vouloir me rapprocher personnellement d'Isabelle Boulay pis de reprendre définitivement ma vie en main. C'est dégradant, Annick Lefebvre, que tu aies écrit une pièce de théâtre qui allait parler de ça. Que tu aies pris mon existence, mes souvenirs pis mes pensées en otage pour en faire de la fiction poche, facile pis mensongère! Pis ce qui est pire, dans tout ça, c'est de constater que tu réussis à faire gober un *fucking* gros tas d'hosties de conneries niaiseuses à ton public. Pis que ton public les endosse, tes vacheries. Qu'il devienne complice des bitcheries bas de gamme que tu me mitrailles dessus. C'est débile que tu leur fasses croire que l'artiste que je contribue à enrichir se crisse de moi, qu'il y a aucun lien qui nous unit, Isabelle Boulay pis moi, en dehors des disques d'or, de l'achat des billets de concerts pis du mercantilisme des produits dérivés. C'est mesquin de me mettre dans face que je suis juste bonne à faire augmenter son nombre de spectateurs assidus, son nombre de chansons téléchargées légalement pis son nombre de statuettes du public remportées dans les soirées de remise de prix. C'est dégueulasse, Annick Lefebvre, de me crier par la tête qu'Isabelle Boulay a rien que le goût d'être crampée ben raide devant ma tronche, de se rouler par terre en réprimant son envie de pisser de rire dans ses culottes, de se relever d'une traite pis de me transpercer le plexus avec un pied de micro en me hurlant «*Get a life*, ciboire!» à chaque fois qu'elle m'aperçoit. Ça, c'est impossible! Ça se peut juste pas! Pis pas parce qu'Isabelle a pas le choix de m'aimer, de me couver, de me chérir, de me protéger pis de me défendre! Mais parce que «*Get a life*, ciboire!», ben Isabelle elle dirait jamais ça. À la rigueur elle pourrait me dire: «Reviens vers qui tu es, ma belle, reprends le contrôle de ta vie. Puise en toi la force qui va te permettre de retrouver ton chemin de lumière.» Mais c'est de la calomnie, Annick Lefebvre, de me faire croire pis de leur faire croire qu'Isabelle réprime ses pensées méchantes à mon égard quand elle se rend compte que je l'attends pendant des heures — m'évanouissant dans ma sueur l'été, me désintégrant de frette l'hiver — à chaque sortie de concert ou d'émission de télé auxquels j'assiste. C'est pas vrai que ma vénération m'aveugle, que mon idolâtrie m'idiotise pis que l'étreinte que je réussis à lui dérober à la suite de ma cinquante-troisième photo, de ma cent-unième dédicace — cinquante-huit «Belle vie», vingt-quatre «Que du bonheur» pis dix-neuf «Que mes chansons t'accompagnent» —, que cette étreinte-là, est *fake*. Que l'artiste de mes rêves avait aucune espèce d'envie de me serrer contre elle, que c'est moi qui l'ai forcée à le faire pis qu'elle s'est inventée un début de feu sauvage pour pas m'embrasser, même si elle a tapé la bise aux neuf personnes qui lui ont donné des fleurs au rappel — quatre vieilles filles au-dessus de cinquante ans, trois enfants du primaire, une grand-mère heureuse que quelqu'un reprenne enfin le répertoire de Paul Daraîche pis un déficient intellec-tuel avec des troubles moteurs qu'on a *full-full-full* strapé dans un gros-gros-gros fauteuil adapté. C'est pas vrai que j'ai définitivement passé les bornes en l'étreignant vigoureusement, que je devrais régler mes carences affectives autrement pis qu'elle va se laver les bras, la face pis le reste du corps avec une crisse de grosse barre de savon antiseptique avant de faire des câlins à Marcus, son fils, quand elle va ren-trer chez-elle, ce soir, pis qu'elle va se laisser tremper super longtemps dans sa baignoire pour être certaine de s'être complètement débarrassé de moi. Pis pour être sûre de transmettre mes germes à personne! C'est atroce, Annick Lefebvre, que tu me prennes la main comme si j'étais en pré-maternelle — ou que j'avais le même déficit intellectuel que le gars qu'on a *full-full-full* strapé sur son gros-gros-gros fauteuil

adapté — c'est pas cool que tu sortes tes marion-
nettes, que tu prennes une voix d'émission éducative
diffusée à Télé-Québec pis que tu découpes chaque
syllabe des mots que tu prononces pour m'expliquer
qu'Isabelle m'apprécie en tant que public, mais pas
nécessairement en tant que moi-même, que je
devrais arrêter d'aller vers elle pis que je la dérange,
que je l'agresse pis que je lui lève le cœur avec mes
débordements maladifs d'affection déplacée. Tu te
trompes en calvaire, Lefebvre, quand tu dis que je la
dégoûte pis qu'elle m'accepte juste parce que ça fait
minimalement partie de sa job de tolérer les individus déviants comme moi, que ça vient avec le
package deal de la renommée de devoir se farcir des
attardés, des *rejects* pis des *no life* comme moi. C'est
pervers, Annick Lefebvre, que tu me rappelles sans
cesse que je fais partie d'une foule pis qu'elle m'aime
en tant que membre anonyme d'une masse anonyme
pis que c'est toute. Parce que le gros tas de nobodys
qui constituent le public qu'Isabelle aimerait aveu-
glément pour l'ensemble impersonnel qu'il repré-
sente, ben j'y crois pas pantoute! La preuve, elle
connaît mon nom pis celui d'Ève, de Carine, de
Laeticia, de Bruno, de Valérie, de Carole pis de
Geneviève. Pis quand je réussis à avoir mon câlin
d'après récital, c'est de la tendresse mutuelle, de la
chaleur humaine pis du réconfort solidaire qui s'en
dégagent. C'est de l'amour. Du vrai. Un sentiment
que t'es crissement trop sans cœur pour connaître,
d'ailleurs! Ça fait qu'arrête de fabuler qu'Isabelle est
sauvage, qu'elle s'emmure dans son jardin secret pis
que son entourage plante des clôtures de barbelés
autour de sa petite personne pour pas qu'on y ait
accès. — Quatre pieds onze et demi, heille, elle
mesure quatre pieds onze et demi! C'est quand
même pas beaucoup de hauteur pour une si grande
artiste! — Tu peux pas parler à la place d'Isabelle

Boulay pis dire à ton public qu'elle a juste le goût de se torcher avec les cadeaux qu'on lui fait, Annick Lefebvre! Parce que t'en as aucune crisse d'idée! Pis parce que c'est impossible qu'on retrouve les portraits d'elle qu'on lui dessine au fusain, les coussins qu'on lui brode nous-mêmes pis les poèmes qu'on lui dédie dans le container à déchets du Théâtre Saint-Denis, de la Place des Arts ou du La Tulipe à chaque rentrée montréalaise qu'une nouvelle tournée amène. C'est évident qu'Isabelle met les tounes des démos de chant que ses admirateurs lui enregistrent dans son iPod quand elle sort prendre une marche sur le bord du canal Lachine. C'est certain qu'elle les écoute au moins une fois pis qu'elle apprécie que son public reprenne son répertoire. Même si c'est des MP3 maison enregistrés en baissant le son du CD d'Isabelle pis en chantant par-dessus. Bon, OK, je peux comprendre que l'hostie de grosse peluche du Marsupilami de quatre pieds onze et demi de haut offert par la crisse de névrosée française de quarante-cinq ans qui règne en matrone sur le forum non officiel d'Isabelle pis qui empêche les fans d'être autrement que complètement conquis par chacune des performances de leur idole, ben elle l'ait pas ramené au Québec. Parce que cette désaxée-là, qui faisait manquer de l'école à ses enfants quand ils étaient jeunes pour suivre les moindres sorties publiques d'Isabelle pis qui a mandaté sa fille, maintenant adolescente, pour classer, numériser pis mettre en ligne les «archives Boulay» de sa mère, eh ben son toutou de marde de quatre pieds onze et demi de haut, commandé pis confectionné sur mesure spécialement pour qu'il soit de la même grandeur qu'Isabelle, ben il a certainement fait plus plaisir au petit leucémique parisien en phase terminale qui l'a reçu à l'hôpital. Mais nos cadeaux *home*

made qui répondent artistiquement au geste artis-
tique qu'Isabelle pose, c'est certain qu'elle les garde
pour agrémenter la décoration de sa maison pis de
son atelier. Parce que c'est la réponse directe à ce
qu'elle éveille en nous. Quand tu fais cette job-là,
Annick Lefebvre, tu devrais savoir que t'as besoin du
public. Tu peux pas te passer de lui pis il peut pas se
passer de toi. Essaye pas de me dire le contraire,
toutes les stars le déclarent en entrevue! Ça fait que
ce que tes fans te donnent, tu le prends pis tu
l'affiches sur les murs de ton chez-toi pour te donner
le courage de te lever le matin. Tu le pitches pas au
bout de tes bras après avoir vomi dessus! Oui, je sais,
je suis toujours sur la défensive, mais j'ai pas le choix!
Toi, Ève, Carine pis Laeticia, vous arrêtez pas de me
lancer des roches de reproches dessus! Parce que
oui, Annick Lefebvre, t'en as, des amies fans! Pis des
fans finies à part de ça! C'était crissement pas prévu
qu'on parle de ça icitte à soir, hein! Mais on va en
parler. De la gang de cools qui jacassent dans mon
dos à longueur de tournée! Une *shit load* de chiennes
sales! Vous dites que mon comportement est digne
de représailles mais vous retirez autant de bonheur
que moi quand vous assistez à des concerts. Vous
autres aussi, vous venez refaire vos réserves d'affection, de chaleur pis de tendresse. Vous autres aussi,
vous êtes émues, comblées, bouleversées, pis des
larmes vous montent aux yeux dès que notre idole
pousse deux notes. Vous autres aussi, votre âme se
plogue sur la sienne pis vous vous élevez dans des
sphères de plénitude impossibles à décrire. Vous
autres aussi, vous venez pour le consoler, votre saule
inconsolable. Pis vous vous dites: *Mais qu'est-ce que
ça peut faire / L'amour, la guerre / Je t'aime, je t'aime, je
t'aime.* Pis ça vous apaise, ça vous réénergise, ça vous
donne la force d'affronter le quotidien, la routine

plate pis la vie qui se dessine souvent en nuances de gris. Moi, Annick Lefebvre, je me trouve pas mal *smooth* dans mon idolâtrie quand je pense que les fans que tu respectes sont prêts, comme ton amie Ève, à se taper sept heures de vol Paris-Montréal pis à séjourner juste trois jours au Québec pour assister à un concert privé d'une heure à Rythme FM, quand je constate qu'ils sont *game*, comme encore ton amie Ève, de faire le trajet Montréal-Dolbeau, de l'aurore à la tombée du jour, pis de risquer leur vie pis la tienne sur les routes à visibilité réduite d'une tempête de neige effroyable pour vivre l'ambiance d'un spectacle en région, quand je me rends compte qu'ils sont prêts, comme ton amie Laeticia, à se cacher dans les buissons d'une résidence pour personnes âgées pis à décâlisser la rocaille des petits vieux pour filmer clandestinement le *soundcheck* d'un spectacle extérieur au Festivoix de Trois-Rivières, quand j'apprends qu'ils sont *game*, comme ton amie Carine, de sacrifier une partie de leurs vacances pis de celles de leurs chums pour tourner un message vidéo pour Isabelle en direct des Bahamas, dans l'espoir qu'on le diffuse peut-être à *Deux filles le matin* à TVA, quand j'apprends qu'ils ont le culot, comme encore ton amie Carine, de se faufiler dans une rencontre d'après spectacle organisée par une station de radio alors qu'ils ont même pas gagné le concours. Pis vous me condamnez, vous me fusillez du regard, vous me calomniez dès que j'ai le dos tourné. Pourquoi, hein, pourquoi? Parce que je me suis déjà pointée à un spectacle avec une perruque rousse sur la tête dans le but de la faire pouffer de rire pis que ça a pas marché? Parce que j'ai acheté un peignoir ayant déjà appartenu à Isabelle dans un encan bénéfice pis que je le porte avec fierté, avec subtilité, avec grâce. Même si on a pas la même *shape*! Pis que tant qu'à avoir la perruque pis le peignoir ben je me suis déguisée en mon idole à l'Halloween. Je m'étais même faite des lignes de *make-up* brunes dans face comme quand Isabelle avait embrassé Corneille après avoir gagné son trophée à l'ADISQ en 2005 pis qu'il l'avait beurrée avec son fond de teint de Noir, qu'elle le savait pas pis qu'elle a commencé ses remerciements avec le look d'un joueur de football qui s'en crayonne deux dans le visage pour intimider l'équipe adverse. Pourquoi vous médisez, pourquoi vous me critiquez, pourquoi vous me chiez dessus ? Parce que je lui crie les bonnes paroles de chansons quand elle a des blancs de mémoire sur scène ? Parce que j'avoue sans honte que je rêve de monter sur le *stage* pour chanter avec elle un jour ? Pis que si ça se passe pas bientôt je vais monter sur scène sans prévenir pis je vais l'obliger à chanter avec moi ! On chanterait une reprise de western d'ici, une chanson d'amour qui veut pas mourir, une toune de tristesse pis d'ennui sur des milles pis des milles. Ce serait toute sauf agressif, toute sauf intrusif, toute sauf déplacé ! Non mais *fuck*, c'est pas moi qui a passé deux semaines de pèlerinage en Gaspésie à retracer tous les lieux de son enfance pour en faire un film ! C'est pas moi qui lui offre du Christian Lacroix, du Thierry Mugler pis des bijoux en Swarowski ! C'est pas moi qui a trouvé le moyen de remercier Isabelle Boulay dans une thèse de médecine de l'Université Paris XIII ayant pour titre : «L'infection urinaire fébrile du nourrisson en médecine générale : une prise en charge ambulatoire est-elle envisageable ?» Mais ça, personne s'en esclaffe, personne le tourne en dérision, personne le condamne. Qui est-ce qui décide de ce qui est normal pis de ce qui est pas normal, hein ? Est-ce que c'est la Française qui danse comme une débile avec des bâtons lumineux dans les cheveux sur le DVD de la tournée «Tout un jour», ou ben si c'est son amie québécoise qui dit qui se crisse d'Isabelle Boulay pis qui nous suit quand même depuis dix ans — dix ans, calvaire! — sous prétexte qu'elle fait une enquête dramaturgique — dramaturgique, calvaire! — pis qu'un jour elle va écrire une pièce de théâtre sur les fans. Est-ce que c'est Annick Lefebvre qui a raison? Tsé, la fille qui s'est retrouvée *backstage* à l'Olympia de Paris pis qui a pas pris une crisse de photos des loges alors que tout le monde bavait d'être à sa place. Est-ce que c'est l'auteure de théâtre qui a raison? Tsé, la fille qui a fumé une puff du joint d'Éric Sauviat, le guitariste aux jeans slim pis aux *dreads* de hippie, devant l'Étoile du Quartier DIX30, comme si de rien n'était, pendant qu'on attendait Isabelle dans le parking des artistes après une représentation de «Comme ça me chante» à Brossard. La fille qui vient éponger son spleen pis sa mélancolie à un spectacle d'Isabelle Boulay pis morver sur les beaux sièges rembourrés de la Places des Arts en écoutant des *covers* de Serge Regiani pendant les Francofolies de 2014 pis qui essaye de me faire croire pis de faire croire à Facebook que c'est parce qu'elle tripe sur Viviane Audet qui fait la première partie? *Bullshit*! Tu te câlisses de Viviane Audet autant que Viviane Audet se câlisse de toi, Annick Lefebvre! Pis c'est ben beau d'avoir bavassé, dans tous les pré-papiers de ton show, que par le hasard d'un travail de «Critique et dramaturgie» à l'UQAM, tu t'es ramassée à t'inscrire sur un forum de fans d'Isabelle Boulay pis que t'as été troublée par le comportement dysfonctionnel de ses membres, mais tu peux pas prétendre qu'Isabelle pense de même. Qu'Isabelle pense comme toi. Pis pour être vraiment franche, si je compare ma vie pis la tienne, Annick, ben j'en vois pas tant que ça, des différences. Moi, je travaille à

l'accueil dans une boîte d'informatique du centre-
ville de Montréal. Toi, tu vends des bas de nylon pis
des accessoires de mode aux employées pis aux
clientes que je m'apprête à accueillir. Faque ta job de
minable, c'est comme deux-trois coches en dessous
de la mienne! Toi, tu trouves ça pathétique que
j'habite toute seule avec mon chat dans un appartement maladivement propre pis tapissé de posters
d'artistes pis que j'affirme avoir renoncé à des rela-
tions de couple pis à une éventuelle vie de famille.
Mais toi, ça fait au moins six ans que tu dis que ça
fait quatre ans que t'as pas baisé. Pis ça a peut-être
l'air d'une pensée facile, de même, mais c'est de là
que ça te vient, ton amertume, Lefebvre, du fait que
tu sois mal baisée. Pis sérieux, je sais pas si c'est le
fait que personne ait voulu te baiser dans la dernière
décennie ou ben si c'est le fait que tu nous aies
suivies en tournée pendant dix ans qui est le plus
pathétique, Annick! Toi, tu habites en colocation
avec un quinquagénaire dépravé dans un appartement décoré comme de la marde où toutes les
affaires sont scraps pis fonctionnent à moitié. Toi, tu
dors sans rideaux dans ta fenêtre de chambre, t'es
même pas capable de t'occuper d'une plante verte,
les boîtes de ton déménagement d'il y a deux ans sont
pas encore toutes défaites pis tu étouffes les trois
quarts de tes amis tellement tu exiges d'attention.
Oui, j'avoue, j'ai lâché mes études parce que ça
m'obligeait à manquer trop de dates de concerts sur
une même tournée, mais toi, tabarnack, t'as ben lâché ton bac en enseignement du français au secon-
daire parce que tu rêvais de participer au Festival du
Jamais Lu. Le Festival du Jamais Lu: quessé ça?
C'est genre un festival pour les loosers que personne
veut jamais lire? Non mais faudrait que t'arrêtes de
péter de la broue pour mousser ta carrière pis que tu

assumes ce que tu écris, Annick. T'es où Lefebvre, es-tu dans salle à soir? As-tu le courage de venir le voir ton spectacle de démolissage de toute? Envoye, câlisse, montes sur le *stage* si t'as pas peur des initiatives artistiques audacieuses! Monte que je te chante une chanson du répertoire d'Isabelle. Viens que je mette un peu de beauté, d'espoir pis d'humanité dans ton show de chialage. *Come on down*, Lefebvre, viens nous avouer que sur chaque tournée d'Isabelle t'en as, toi aussi, des chansons préférées. Pis que c'est pas toujours les moins mièvres, les moins larmoyantes pis les moins lourdes. *J'enrage, Je m'en contenterai, J'irai jusqu'au bout*. Ce soir, je te chante une toune que tout le monde aime sauf toi. Ce soir, je fucke ta *game* de démolition pis je me rends hommage. À moi. Pis je vais même aller chercher ma perruque rousse pis mon beau peignoir de star pour le faire. Comme ça, l'espace d'un instant, tu vas pouvoir t'imaginer que c'est mon idole à ma place. Pis moi, je vais faire comme si c'était Julie Lamontagne, Christian Péloquin, Martin Bachand, Philippe B pis Jason Lang qui m'accompagnent.

Un ange par-ci
Un ange par-là
Un diable aussi
Quand tu es là
Et rien ne va
Mieux qu'ici-bas

On change de vie
On change de mois
De jour aussi
Quand on se voit
Et rien ne va
Mieux qu'ici-bas

Comme tout est fait
Pour aller haut
Les ailes souvent ont des oiseaux
Comme tout est fait
Pour rester chaud
Les flammes, les flammes ont des bourreaux

Et rien ne va
Mieux qu'ici-bas
Et rien ne va
Mieux qu'ici-bas
Mieux qu'ici-bas, rassure-toi

Tsé, Annick, quand tu vas te casser la gueule avec ton gros projet de monologues pis que les critiques vont condamner subjectivement ce que t'as écrit avec tes tripes. Quand tu vas boire tes droits d'auteure au bar du Théâtre d'Aujourd'hui en braillant dans les bras des cinq seuls caves qui persistent encore à être amis avec quelqu'un qui a pas de morale, ben j'espère que tu vas avoir une pensée pour moi. Pis pour le mal que tu me fais en écrivant *J'accuse*. Pis en le rendant public.

5 – J'aime

*La Fille qui aime. Temps des récoltes et
de la rentrée culturelle.*

LA FILLE QUI AIME

C'est pas vrai que je suis une tyrannique vampiri-
sante qui te crisse des coups de machette dans le
cœur, qui mouille d'excitation de l'avoir fait, qui se
frotte la plotte en s'imaginant tes tripes sorties de ton
corps pis qui jouit dans son jus de noune en sirotant
un triple whisky pas de glace pendant que tu penses
crever. C'est pas vrai que je déplace ma face d'après le
massacre pis ma carcasse décâlissée de fille qu'on a
câlissée, recâlissée pis re-recâlissée en bas de sa
chaise, de ses viscères pis de sa carapace, dans des
cinq à sept de lancements de ci pis dans des cocktails
de dévoilement de programmation de ça, au lieu de
m'enfermer dans mon appartement de l'est du
Plateau Mont-Royal pis de profiter de mon temps de
lousse pour écrire la pièce de théâtre pour laquelle
j'ai obtenu une bourse. Je passe mes journées toute
seule dans ma cuisine, à éplucher des oignons pis à
me sacrer la tête dedans pour justifier mon envie de
m'arracher l'iris, la pupille, la rétine pis le globe
oculaire au grand crisse de complet tellement mes
lacrymales font de l'*overtime*, de l'overdose, de l'over-
drame. Je tranche mes ingrédients au lieu de me
trancher l'aorte, la carotide, la jugulaire pis les deux
poignets pis j'essaie d'éviter de me défenestrer en me
pitchant du châssis malpropre de mon bureau de
travailleuse à domicile — La fenêtre sans horizon qui

donne sur le Midas Services Auto et Pneus de la rue d'Iberville. Je supercapote, j'hyperdébuzze pis je mégabadtripe de devoir respecter l'embargo qui m'empêche de te facebooker un *smiley funny* qui ferait flasher les feux d'artifice de ma joie de t'avoir dans ma vie jusque sur l'écran de quinze pouces de ton vieil ordinateur pourri. J'extrahallucine, j'extrêmerushe pis je gigamedemandepourquoi je devrais censurer mes envies de prendre de tes nouvelles, de te donner des miennes, d'écouter tes histoires sans queue ni tête, tes histoires de tête à queue pis tes histoires de queues dans tête, pour savoir comment tu vas, pour vrai, au moment où je me le demande pis au moment où je te le demande. Mais je présume que de ton bord t'as juste le goût de me sauter à la gorge pis de la serrer fort avec tes grandes mains de chamane, d'exercer une pression démesurée sur ce qui me sert à respirer pis de la maintenir longtemps, la pression, jusqu'à ce qu'il y ait pus d'air qui me passe dans les tuyaux, que je te trépasse dessus, qu'on m'enterre dans un recoin moche du cimetière montréalais qui charge le moins cher pis que tu en profites pour venir pitcher des roches, des vidanges, des vieux Tampax pis d'autres affaires dégueulasses sur ma dépouille de morte par strangulation pendant qu'Olivier, Marie-Ève, Linda, Paul pis Pascale — le quintette d'amis qui est assez fucké pour m'aimer sans me demander de changer — partirait une campagne de financement Haricot pour payer le contrat de tueur à gages qu'ils vont te coller au cul. Question que tu meures, toi aussi. Pis dans un climat de violence réelle pas mal plus atroce de souffrance physique pis psychologique que les coups de poignards symboliques dont tu m'accuses à tort. Mais je reste là, acharnée comme une autiste qui reste jammée sur une même tâche à longueur de journée. Zombifiée comme une malade mentale qui répète compulsivement les mêmes trois affaires en se shakant la tête, en se révulsant les yeux pis en cherchant à monopoliser l'attention de tout le monde. *Je t'ai pas trahie. Je t'ai pas abandonnée. Je peux pas t'avoir fait mal parce que ceux qui te font mal je leur pète la gueule. Je t'ai pas trahie. Je t'ai pas abandonnée. Je peux pas t'avoir fait mal parce que ceux qui te font mal je leur pète la gueule. Je t'ai pas trahie. Je t'ai pas abandonnée. Je peux pas t'avoir fait mal parce que ceux qui te font mal je leur pète la gueule.* Je me démène, je m'obstine pis je me désâme pour faire rejaillir tout-de-suite-pis-pas-dans-trois-semaines-pis-pas-dans-six-mois les liens importants qui nous unissent tellement. Parce que ça te rentre pus dans le cerveau. Ce qui fait qu'on devrait être ensemble pis pas séparées. Pas séparées. Pas séparées. Je suis tétanisée, abattue, avachie. À côté de mes pompes, de mon cœur pis de la planche à découper. Pis je reste là, frostée mais sobre, à émincer mes quinze gousses d'ail en dessous du vieux crucifix de ma cuisine moyennement fonctionnelle. L'envie de vomir me pogne à l'idée d'avaler le sang qui dégouline d'un steak pas cuit. Une récente radiographie de mes dents prouve que les canines me sortent pas de la gueule. Faque je dois avoir moins de Dracula dans les entrailles que tu prétends que j'en ai! Je fais revenir mes légumes dans *too much* de beurre, je beurre épais pis j'essaie d'en revenir pis de revenir à moi en espérant que tu puisses revenir de loin pis du mal que je t'ai fait sans le savoir, sans le vouloir pis sans soupçonner que ça t'en ferait autant, que ça te lacérerait les organes vitaux, que ça te les déchirerait, que t'en crèverais pis que je finirais mes jours agenouillée en pleurs, en panique pis en prières à espérer ta résurrection. Je déglace mon ail pis mes oignons avec une demi-tasse de porto pis j'en rajoute à peu près la même quantité, au pif, question d'apporter ma touche personnelle à une recette familiale chiche en liquide qui soûle. J'accote mon calvaire de vivre, mon âme dans le vague pis les résidus de moi-même sur le bout de comptoir minuscule, à côté de la cuisinière, pis j'écoute le petit «pschiiii» de l'élixir portugais stimuler la libération des sucs pis amorcer le processus de caramélisation du mélange divin contenu dans ma casserole de qualité supérieure. Je sors les trompettes, les pancartes d'encouragements pis les pompons de *cheerleaders* pour inciter la hotte du four à faire sa job de hotte, mais j'ai l'impression que ses capacités d'aspiration sont limitées pis que mon gros chandail de laine de fille qui a frette à perpète est condamné à sentir la bouffe jusqu'au prochain lavage à délicat, dans six mois, parce que c'est pas juste mes tripes qui ont pris une hostie de débarque, mes propensions à faire le ménage aussi ! On est en novembre, il mouille à siaux, j'ai le cœur brisé par ton absence pis je regarde les feuilles des arbres soufflées, soulevées pis balayées par des rafales de vent de la mort, venir s'échouer contre les vitres mal calfeutrées de la place où je crèche. Je laisse passer le cliché, en prenant pleinement conscience d'en être devenue un, pis je réprime mon envie de régurgiter le peu de nourriture que j'arrive à ingérer quotidiennement tellement je m'écœure d'être rendue émotivement moumoune de même ! De toucher le fond par ta faute. D'être contrainte à une dépression sentimentale de nunuche pis de porter un vieux gilet d'alpaga sur un leggins ultradouillet, mais *slack* de l'élastique, en plein milieu de la semaine, alors que j'ai crissement plusse de style que ça, d'habitude ! J'ai envie de mourir, de crever drette-là, de m'auto-euthanasier, mais j'arrive quand même à me dire que je comprends pas le monde qui achète de l'alcool bas de gamme pour cuisiner avec! À moins de vraiment vouloir s'empêcher de s'en servir un petit verre *on the side* pendant qu'on s'exécute, je catche *fuck all* ce qui peut motiver pareille décision. Ça me martèle dans tête, ça m'élance entre les deux oreilles pis ça me buzze dans le cerveau. Je pourrais me péter la face dans les murs ou m'ouvrir le crâne avec un objet tranchant pour essayer de stopper tout ça. D'y mettre un terme définitif. À cette douleur-là. Mais je réussirais juste à faire un gros trou dans le mur de gyproc cheap de mon quatre et demi, pis je pense que le couteau de pêche de mon coloc, un Rapala, est vraiment meilleur pour dépecer des truites pis des brochets pis pour en faire des filets, que pour me trancher le corps en plusieurs *slices* pis pour hacher les couches de ma souffrance en menus morceaux. Ça fait que je reviens vers mes pensées d'ivrogne alimentaire pis je me dis que je peux comprendre qu'on a peut-être pas toujours le budget pour pimper nos recettes avec du xérès, du cognac, du calvados ou des grands crus français qui coûtent câlissement cher, mais que si on a pas le cash nécessaire pour se paqueter la face avec de quoi de décemment buvable, faudrait au moins avoir la grâce, la fierté pis la dignité de refuser de trinquer au vin d'épicerie pis de dépanneur, à l'alcool frelaté de nos mononcles pis à la Molson tablette en cannettes. Quitte à s'abstenir complètement de consommer! J'ajoute du bouillon de poulet, du thym, de la sauge pis du romarin à ma mixture un brin trop salée — parce que j'ai pas pus m'empêcher d'en brailler une hostie de shot dedans! Je porte le tout à ébullition en laissant le mélange mijoter tranquillement pis en remuant une fois de temps en temps avec ma cuillère de bois de haute performance de la collection d'ustensiles de Ricardo. J'aperçois ma face dans l'écran digital de la cuisinière qui a juste deux ronds sur quatre de fonctionnels pis qu'on se promet de crisser au bout de nos bras, au printemps, pis de s'en pogner une six milliards cinq cent quatorze millions de fois meilleure, sur Kijiji, mais que pour l'instant, comme c'est le temps des récoltes pis qu'on profite du bas prix des produits locaux pour se faire des réserves de potages, de sauce tomate, de bœuf aux légumes, de choucroute garnie, de ketchup maison, de cornichons marinés pis de confitures aux petits fruits, ben on essaye d'apprécier ses loyaux services. Je me vois dans la surface noire, pleine de traces de doigts graisseux, qui devrait normalement donner l'heure mais qui affiche un perpétuel quatre-vingt-huit heures quatre-vingt-huit qui flashe, parce que toute est un peu tout croche, sur cet hostie de poêle-là, pis qu'on n'a jamais été capables de régler l'heure comme il faut. Je fixe mon reflet pis j'y décèle quelque chose comme un sourire. Mon premier depuis le vingt-six août! J'ai presque envie de m'ex-clamer que l'heure est à la fête pis que je vais noter la date pis l'heure sur le calendrier, sauf que la cuisi-nière refuse que l'heure existe pis la fille qui s'échine à cuire des affaires dessus est en perte complète de notion du temps. Mais je célèbre quand même ce moment précieux en cognant mon verre à la santé de ma santé mentale qui reprend possiblement le des-sus, sur le bol du robot qui m'a aidée à broyer l'ail, sur la tasse à mesurer avec laquelle j'ai calculé les mille cinq cents millilitres de liquide nécessaires à ma préparation pis sur la planche à découper pleine des pelures d'oignon que j'ai pas encore eu le courage d'aller jeter. Je fais des «tchin» au porto avec des objets inanimés. Oui. Effectivement. J'en suis là. Les yeux me chauffent, me brûlent, me piquent pis mes larmes sont sur le bord de me repiquer une crise d'elles-mêmes tellement mon pathétisme me pogne aux tripes. Mais je me ressaisis pis je saisis mon courage à deux mains, la râpe pis les trois sortes de fromage avec lesquels je désire gratiner ma soupe. J'effiloche mon trio de délices dénichés chez le fromager du quartier, je les dépose sur des croûtons au levain façonnés à partir des restes de baguette de la veille pis ça me satisfait. Bon, OK, la première pensée qui déroge du mauvais téléroman réaliste que tu me fais vivre depuis trois mois en est une de considération culinaire pis ce qui fait rejaillir mon *smile* a rien à voir avec un signe de vie de ta part ou avec l'espoir de pouvoir te revoir un jour. La première étincelle heureuse que je me permets d'arroser d'un hostie de grand verre de Taylor Fladgate a rien à voir avec toi, avec moi, avec nous deux dans une même pièce, avec nous deux qui assistons à une même pièce ou avec les pièces de nous deux pis un *glue gun* qui les recollerait de façon permanente. Non, ma joie a rien à voir avec toi pis tout à voir avec de la soupe à l'oignon gratinée! Je sors les bols spécifiques des armoires les plus hautes — celles dont les poignées sont lousses mais que je prends pas la peine de revisser parce que c'est trop de trouble, que je suis un peu lâche, que je suis pas habile de mes mains pis parce que j'ai des rushs de job plus rushants à régler — je verse la mixture dans les récipients spéciaux, je dépose les croûtons sur le dessus pis je les garnis de fromage. Je laisse fondre le cheddar, l'emmenthal pis le gruyère au four à trois cent cinquante pis une couple de minutes à *broil*, pas trop longtemps après. Je fais bronzer le contenu des bols pis je me *preset* une cuillère, une *napkin* pis un napperon, dans l'intervalle. Je sors mon délice automnal du four pis je déguste ma préparation réconfortante en regardant le plafond qui aurait grandement besoin d'une couple de couches de peinture parce que celle, actuelle, s'écaille que le crisse! J'essaie d'éviter de me brûler la langue en précipitant mon envie de me réchauffer en piochant prématurément dans ma bouffe pis je constate que Réjean, mon coloc bienveillant, m'a laissé la radio allumée, avant de partir. Comme on fait avec les animaux pour leur donner l'illusion d'une présence. Pis pour éviter qu'ils dépriment en notre absence. Ce qui me convainc moyennement de me sentir autrement que comme de la marde! Il est passé quatorze heures, je le sais parce que c'est Patrick Masbourian qui jacasse sur les ondes d'ICI Radio-Canada Première. Je dîne aux côtés virtuels de l'animateur sympathique qui nous fait jouer un titre obscur de *De retour à la source*, l'album folk-contemporain d'Isabelle Boulay, paru en 2007. *Si j'étais perdue, si j'avais volé / Si j'avais trahi, si j'étais damnée / Si j'avais goûté à la boue des rues / Est-ce que tu viendrais si j'étais perdue?* Je me lève péniblement de ma place à table pis je monte le volume des speakers qui grichent en câlisse, espérant refaire un peu de mes réserves de ferveur dans les trémolos de la voix berçante d'Isabelle. *Est-ce que ta tendresse est assez profonde / Pour porter secours à l'amour qui tombe? / Si j'avais la nuit tout au fond des yeux / Saurais-tu me dire où est le bleu?* Pis je me mets à chanter, même si c'est pas mon genre, pas mon trip, pas ma tasse de thé, que j'ai pas de *beat*, pas de talent, pas d'oreille, que j'ai pas de compte sur iTunes, que je tape pas des mains dans le bon rythme au Centre Bell pis que j'aimerais mieux mourir lapidée plutôt que de passer une soirée au karaoké, ben je me mets à fredonner, en duo dissonant avec Isabelle Country, la reine des tenues de matante — non mais son petit veston gold, à *La Voix*, on va s'en souvenir! — pis des discours d'une longueur de pas d'allure à l'ADISQ. Moi, du plus profond du fond du fond du trou du trou du cul du cul du souterrain du souterrain du baril, je m'époumone dans ma cuisine d'auteure mélodramatique. *Si j'étais perdue et abandonnée / De tous les amis qu'on m'avait donnés / Si j'avais commis mille erreurs de plus / M'aurais-tu bénie si j'étais perdue? / Moi si c'était toi qui étais perdu / J'aurais, je crois, tellement couru / Que j'aurais fini par te retrouver / Dans l'infinie éternité.* J'engloutis ce qui me reste de soupe pis je vais porter la vaisselle dans l'évier. C'est une amélioration considérable au «je crisse le camp en laissant tout en plan» que je pratique les trois quarts du temps. Je fixe les trois autres bols non mangés pis je me dis: «C'est super, ça va en faire un pour Réjean, un pour son ami Éric, pis je pourrais aller te porter l'autre! Parce que je sais que c'est une recette que t'aimes pis que ton appartement est sur mon chemin!» Mais, évidemment, c'est un plan de marde! C'est un ancien plan! C'est un plan du temps où on se parlait encore! Un plan du temps où tu me traitais pas de traître! On est en novembre pis j'enfile mon manteau d'hiver, ma tuque, mon foulard, mes gros bas gris avec la barre blanche pis la barre rouge, mes mitaines pis mes bottes doublées, je prends mon parapluie, je mets mon capuchon pis je sors prendre une marche. Pas par souci de respirer de l'air frais pour me ragaillardir ou parce que je me préoccupe de ma forme physique pis que le fait de m'empiffrer dans les Lay's au bacon fumé, aux cornichons à l'aneth pis au barbecue à l'ancienne à longueur de déprime m'inquiète, mais pour m'épuiser pis espérer pouvoir dormir trois-quatre heures consécutives sans me réveiller en sueur, en cauchemar pis en alarme, quand je vais rentrer chez nous pis que je vais me mettre au lit, aux petites heures du matin. Je déambule dans la ville en évitant de prendre Mont-Royal pis de courir le risque d'y rencontrer Sébastien. Parce que la dernière fois qu'on s'est vus, il m'a dit : « Heille, mon amie ! On peut pas habiter si proche pis se voisiner si peu ! Hé boboy… Ça a pas de bon sens ! Je m'ennuie de ta face pis de ton sarcasme ! Faut checker nos agendas pis s'organiser de quoi, bientôt ! » J'adore Sébastien mais je me sens pas capable. De voir du monde que j'aime pis qui m'aiment. Pis de leur imposer mon état. Je déambule pis j'évite l'avenue des Français en exil pour pas tomber nez à nez avec Julie-Anne. Ma jumelle d'adresses à six rues de distance. Julie-Anne qui sortirait de chez elle avec sa bédaine de bébé « à naître bientôt » pis son sourire de future mère extraordinaire pour aller s'acheter des fruits, chez Valmont. Parce que je sais qu'on se ferait une accolade en prenant de nos nouvelles, que ça détruirait mes barrages pis que je finirais par me déverser dans ses bras, au milieu des mangeux de croissants, des tripeux de tartiflettes pis des fans de foot de l'avenue qui croise ma rue. J'avance pis je repense à Marie-Ève qui m'a dit, en plantant ses yeux dans les miens, devant une crêpe du marché Jean-Talon, l'autre jour, que d'avoir à marcher la ville de bord en bord pour calmer mes crises d'angoisse c'était crissement loin d'être cool pis que des amis j'en avais d'autres. Dont elle. Pis des vrais amis à part de ça. De ceux qui sont assez solides pour m'aimer comme je suis. Des chums pour refaire le monde, pour me refaire une confiance en moi pis pour faire descendre mes réserves de bonnes bouteilles de vin, de chandelles à souper aux chandelles pis de viande à raclette. Des alliés pour jouer aux Lego, au Battle-ship pis au Super Nintendo les jours où je me sens plusse comme une enfant que comme une adulte.

Bon, OK, chus pas en peine d'amour! Mais j'en vis une quand même! Pis une tabarnack de grosse! Parce que c'est une peine d'amitié. Pis je sens que vous me trouvez trop intense d'être à l'article de la mort pour un événement que vous jugez anodin. Une peine d'amitié: *what the fuck*! Vous vous dites que ça fait dix ans que j'ai pas eu de chum pis que ça c'est crissement louche. Que c'est clair que je dois être une lesbienne ben barricadée dans le placard pis que j'ai pas assez de couilles pour en sortir en m'enrubannant fièrement dans mon drapeau arc-en-ciel. Vous vous dites que «l'amie» qui veut pus me parler, ben je devais être en amour avec elle. Pis oui. Effectivement. Je vous l'accorde. Vous avez complètement raison. J'étais en amour avec elle. Pis je le suis encore, d'ailleurs. Parce qu'accro pis fleur bleue pis conne comme moi y doit pus s'en faire. Y ont cassé le moule après que j'en sois sortie, le 25 mars 1980. Pis ça a été fini. Mais oui, je l'aimais. Mon cœur palpitait à une vitesse de fou quand elle m'envoyait deux lignes, ou douze, ou soixante-douze. Par *e-mail*, par Facebook ou par la poste quand elle était loin de Montréal. Pis ça faisait ma minute, mon heure, ma journée, ma semaine, mon année! Oui, je l'aime. Pis j'ai mal quand elle a mal. Pis j'ai mal de lui faire mal. Pis j'atteins des sommets de ravissement qui font presque peur quand la vie lui garroche des bonnes nouvelles dessus. Oui, je la trouve belle. Quand un bonheur extrême lui cloue le bec ou qu'une journée de grisaille lui laisse de l'eau au fond des yeux. Oui, je la trouve belle. Quand après avoir pris plusieurs poissons sur une même étendue d'eau elle s'inquiète d'être en train de décimer des familles. Oui, je tripe dessus. Quand elle écrit des slams qui parlent d'amour pis de révolution. Oui, je parle d'elle avec le regard qui brille pis de l'extase dans mes phrases, mais non. *No way*! J'ai jamais eu le goût de coucher avec elle. Jamais eu l'ombre d'une pensée proche de celle-là. Chus crissement désolée mais vous êtes dans le champ! Câlissement dans le champ! Sauf que oui. Effectivement. C'est clair que je tripais dessus. Que je tripais dessus ben raide. Comme je tripe sur Marie-Ève, sur Linda pis sur Pascale. Pis aussi sur Paul pis sur Olivier! Mais vous vous en torchez des amis sur qui je tripe! Parce que pour vous autres, ce qui est *weird*, ce qui est vraiment *weird*, ce qui atteint des sommets de *weirdness* inégalés, c'est que je me câlisse de rencontrer un potentiel partenaire de vie! Pis que je fais rien pour que ça m'arrive! Ça, c'est fucké! C'est extraterrestre! C'est *fucking* fucké pis c'est extra-extraterrestre! Tu dis ça à n'importe qui dans une soirée pis tu crées un hostie de malaise! T'as pas le temps d'exposer, d'expliquer pis de développer ta théorie que ton interlocuteur se sauve de toi pis de ta réflexion tordue. Ça fait que oui. Effectivement. Je dois pas être normale. Parce que je ressens aucune urgence de fourrer avec des *nobodys* dans des partys, de sélectionner le moins pire de la gang, de me mettre en couple avec lui pis de rester matchée de façon *steady* avec quelqu'un de quelconque! Parce que je veux pas d'enfants. Que j'en ai jamais voulu. Pis que je pense que l'empressement du monde à vouloir vivre à deux vient de l'horloge biologique qui te dit que c'est le temps de te reproduire. À condition que tu veuilles te reproduire. Pis moi, je veux pas me reproduire. Je peux pas me reproduire. Je veux dire, crisse, j'ai le cœur tellement chroniquement décalé qu'il faut pas que je me reproduise! Pas question que je transmette mes défaillances à un *kid* qui a pas demandé de naître. Pis encore moins de naître décalé. Décalé pis défaillant comme moi. C'est l'automne, je marche dans la ville pis mon cœur se comprime. Le souffle me coupe pis j'hyperventile. On se parle pas.

On se parle pus. Tu m'as évincée de ton cercle de mille sept cent vingt-huit amis Facebook, c'est ben pour dire. Dans quelques mois, je vais accepter de garder tes chats. Même si je suis allergique! Pis même si tu veux pus rien savoir de me revoir! Je vais consentir à me farcir deux semaines de pelletage de marde dans de la litière plus ou moins agglomérante pis à toffer quatorze nuits de félins poilus qui viennent se coucher sur ma face qui en finit pus d'éternuer, pis ça me vaudra même pas l'honneur de ravoir ton amitié virtuelle. Pis ça là, le fait que tu me respectes pas assez pis que tu me fasses pas assez confiance pour qu'on puisse garder le contact sur stupide Facebook, je vais le nier à tour de bras en prétextant que ça me fait pas un pli pis que ça m'indiffère, mais ça va continuer de me dévaster, de me détruire pis de me faire mal. Parce que je vais oublier de t'oublier. Pis que je t'oublierai jamais. Je voulais écrire une finale dans l'amour, pas une finale dans l'échec. Faire l'éloge des sentiments sincères, puissants pis profonds qu'on peut ressentir pour du monde qui ont rien à voir avec nos familles ou notre amoureux. J'aurais peut-être dû focusser sur Gabrielle, sur Marianne, sur Catherine, sur Sylvianne, sur les gens gentils que j'ai laissés entrer dans ma vie depuis que tu t'en es éjectée. Sur ceux que ça fait pas freaker que je les texte à tous les jours. Pis plusieurs fois par jour si l'occasion s'y prête. Sur ceux que ça fait pas capoter de travailler, de trébucher pis de grandir avec moi. Pis j'espère avoir assez parlé de ceux qui sont là, pour moi, en ce moment. J'espère avoir assez insisté sur leur importance dans mon existence. Parce que j'ai beau le faire tout croche pis avec un instinct pas toujours sur la coche, je suis peut-être débile de patauger dedans sans comprendre comment faire, mais je les aime. Je les aime *over the top*, je les aime au boutte, pis je les aime, oui, en débile. Pis si ma façon débile d'aimer peut se soigner, se guérir, se stabiliser, si ça peut se thérapiser, s'opérer ou se soulager en gobant des pilules, ben je vais refuser le traitement. Je vous jure que je vais refuser le traitement.

Postface

Comme conseiller à la dramaturgie au Centre des auteurs dramatiques, j'ai accompagné Annick Lefebvre dans l'écriture de J'accuse. *J'avais travaillé, mais moins intensément, sur son texte précédent,* Ce samedi il pleuvait. *Très rapidement, j'ai pressenti que dans* J'accuse, *je me retrouvais entraîné dans un vortex théâtral et humain qui reprenait pour aujourd'hui le terrible constat que Michel Tremblay fait dire à Rose Ouimet dans* Les Belles-Sœurs : «Les femmes sont pognées à gorge.» *Cet assemblage de cinq monologues de femmes, dont le tout est plus vaste que la somme des parties — elles ne prennent leur plein sens qu'en regard les unes des autres — place l'auteure au sein des têtes chercheuses de la dramaturgie québécoise d'aujourd'hui.*

Si j'ai souhaité écrire cette postface, c'est pour réfléchir par écrit sur ce texte, profitant de mon point de vue privilégié d'accompagnateur. J'ai souhaité une postface et non une préface, afin que le lecteur puisse entrer dans ce texte sans être prévenu de quoi que ce soit. En fait, avec le lecteur, je reproduis le travail que j'ai fait pendant plus de trois ans avec l'auteure : elle écrit d'abord, je commente ensuite.

Je ne savais pas quelle forme cette postface allait prendre. Je pensais d'abord, sans y tenir, à un agrégat de fragments : réflexions, citations, propos de l'auteure. C'est une forme que j'ai pratiquée à quelques reprises, qui permet de mettre

en rapport de façon non linéaire des matériaux
hétéroclites, de les aménager selon une structure
apparente, de se débarrasser du tissu conjonctif de
l'écriture et de rendre le lecteur actif. En prévision
de ce travail, j'ai fait un entretien avec Annick
Lefebvre en décembre 2014, alors que le texte était
fixé, mis à part quelques détails que les répétitions
pourraient modifier. Relisant plus tard les notes de
cet entretien, j'ai réalisé, plutôt surpris, qu'il était
là, le squelette de ma postface. Ne me restait qu'à
élaborer ce qui avait sous-tendu mes questions, et
à commenter en note les propos de l'auteure.

————————

Lorsque je m'entretiens avec un créateur, je
commence habituellement par une question sur
l'étincelle qui a donné naissance à l'œuvre. Je
pose cette question même si je sais qu'il est très rare
d'obtenir une réponse qui en révèle l'origine profonde, car elle relève généralement du très intime :
une blessure, un manque, une rage inavouable —
souvent tournée contre soi-même. Mais cette part
intime est en elle-même peu intéressante, même si
elle irrigue l'ensemble de l'œuvre. Comment elle
s'arrime à quelque chose de communicable, voilà
l'intérêt.

Paul Lefebvre — *Quel a été le point de départ de l'écriture
de* J'accuse ?

Annick Lefebvre — C'est souterrain[1]. Mais la première manifestation de ces choses souterraines était
un texte intitulé *J'abdique*. Je l'avais écrit pour une

---

1. Voilà indiqué ce que l'on ne saura pas. Et que l'on n'a
pas à savoir non plus.

soirée bénéfice en 2006. C'était le récit au *je* d'un gars de toute évidence en dépression, et qui mettait la faute de son état sur un incident dans son enfance au cours d'une partie de baseball[2]. L'acteur qui devait le lire a eu un empêchement, ce qui fait qu'il a été lu par une comédienne. Or c'était plus percutant par une fille — ce qui m'a fait réaliser à quel point un personnage féminin seul en scène pouvait avoir de la *drive* dès qu'on ne le confinait pas à des stéréotypes poussiéreux comme c'est encore trop souvent le cas.

J'ai ensuite eu le projet d'écrire un cabaret sur l'aliénation qui naît du travail, quelque chose de proche du stand-up, sans quatrième mur. Et aucun personnage masculin ne me venait à l'esprit. Je voulais parler des connaissances spécifiques que j'ai dû acquérir pour tenir mes emplois ; ces connaissances qui ne servent à rien hors du travail, mais qui s'insinuent dans la vie intime — par exemple, être devenue experte en chartes de grandeur de bas de nylon. Ça s'est peu à peu lié à des discussions — voire des obstinations — que j'avais avec des amies issues de l'immigration. Comment se faisait-il que des filles de ma génération venues d'ailleurs connaissaient mieux la culture québécoise que moi ? Parce qu'elles avaient

---

2. Le premier état de *J'accuse* qu'Annick Lefebvre m'a présenté comprenait trois parties : *J'encaisse* dans un état passablement achevé, un embryon de *J'agresse* et ce monologue, *J'abdique*. Ce dernier texte repose sur un schéma connu : le récit d'un adulte qui révèle le traumatisme d'enfance auquel il attribue son mal-être. Or ce texte n'avait ni la dynamique ni le propos explosif qui déjà émergeait de *J'encaisse* et de *J'agresse* (qui à ce moment-là s'intitulait *J'accuse*). L'auteure a vite réalisé que si *J'abdique* avait été un point de départ pour *J'accuse*, il n'appartenait pas à ce qui était en train d'émerger.

dû l'apprendre? Le fait pour moi d'être née ici m'en-
traînait-il dans l'oubli?

Peu à peu, tout ça s'est transformé en pièce por-
trait des filles[3] de ma génération[4]. J'avais le souci de
créer des personnages féminins sans concessions.
Des filles toujours en lutte, mais hors d'un contexte

---

3. Pour nommer ses personnages, Annick Lefebvre utilise
le mot *fille* plutôt que celui de *femme*: *La fille qui encaisse*, *La
fille qui agresse*, etc. Même chose dans ses propos. Je ne sais
pas exactement pourquoi. Chose certaine, ce n'est pas par
jeunisme militant. C'est peut-être parce que le mot *femme*
a tant été accaparé par les deux générations précédentes
qu'il vient avec une encombrante série de connotations
qui avalent tout discours neuf. Ceci dit, Annick Lefebvre,
qui y fait allusion dans la dernière partie de l'entretien, se
réclame du féminisme et en (re)connaît l'histoire.

4. À un certain moment, dans le processus d'écriture, il
y avait un prologue et un épilogue que les cinq personnages auraient dit «dans un parfait synchronisme». Ces
séquences d'ouverture et de fermeture renforçaient la
dimension générationnelle de la pièce. Dans le prologue,
intitulé *J'enrage*, les cinq filles — toute nées en 1980 —
avaient seize ans; elles étaient en fureur contre les limites
de leur présent et contre l'avenir étriqué qu'on leur ré-
servait. On y trouvait aussi l'origine de l'intérêt que les
cinq personnages portent à Isabelle Boulay: «Je bois du
Mountain Dew pis du Five Alive — pis de la limonade
Boomerang aux fruits des champs dans le dos de mes
parents quand ils sortent s'acheter du Head and Shoul-
ders, du Préparation H pis du Vagisil chez Jean-Coutu —
pis je m'inquiète du sort de l'acné qui me pousse dans le
visage en regardant la télévision qui présente des reportages sur l'assermentation du gouvernement Bouchard,
sur les décès de Jean Grimaldi, de Robert Gravel pis
de Gaston Miron pis sur la sortie du premier album
d'Isabelle Boulay. Oui, Isabelle Boulay! L'interprète ori-
ginaire de Sainte-Félicité qui a prêté sa voix au personnage d'Alys Robi dans la série du même nom pis qui a été

misérabiliste. Je voulais que l'écriture de *J'accuse* devienne un geste politique en lui-même, qu'il puisse être perçu comme baveux aux yeux du milieu. Donner la parole à cinq filles de vingt-cinq / trente-cinq ans, lucides, intelligentes et qui ont de l'emprise sur leur propre destin, c'est dommage à dire, mais c'est

repérée par Luc Plamondon pour être la Marie-Jeanne de son *Starmania* parisien. OK, son premier CD c'est loin d'être *Tragic Kingdom* de No doubt, *Insomniac* de Green Day ou *Load* de Metallica! Je me vante pas à mes chums qui boivent de la Black Label pis du Jack Daniel's – pis qui sniffent de la coke dans les toilettes full miroirs de leur grosse cabane de gosses de riches quand leurs parents partent en croisière dins Caraïbes — que je l'écoute en boucle dans ma chambre pis que j'en chante des grands bouttes dans douche! Mais le nouveau single de la chanteuse aux cheveux de feu me fesse dans le dash, me trash les tripes pis occupe toute la place dans mon cœur qui crash. *J'enrage / De manquer d'air et de courage / J'enrage / D'être déjà devenue sage / J'enrage / À brûler tout sur mon passage / J'enrage…»* Dans ce prologue, les filles parlaient de leur «job de baby-sitter» et de leur souci de sauver les enfants de « l'abrutissement certain », ce qui ouvrait vers le bref épilogue où les cinq femmes, âgées, affirmaient en chœur : «C'est pas parce que j'ai passé soixante-dix ans pis que j'ai jamais voulu me prolonger génétiquement que tout ce qui crie, qui chante des comptines, qui saute dans les flaques d'eau, qui pisse au lit, qui fait des châteaux de sable, qui se casse la gueule en vélo, qui compte sur ses doigts pis qui mélange ses temps de verbe m'insupporte. C'est pas parce que je me suis sectionné le système reproducteur, que je me suis ligotée, ligaturée pis bâillonnée les trompes que je me suis pas démenée pour les générations futures! Des palettes de chocolat pas mangeables pis des gogosses pas belles pour encourager des échanges sportifs j'en achète! Du bénévolat à Tel-Jeune, j'en fais!» Cet amour des enfants lié à un refus de la maternité se retrouve de façon condensée dans un passage déchirant de La fille qui aime — peut-être un acte d'écriture tellement rare que c'en est presque irrévérencieux. Parce que, même aujourd'hui, on a tendance à écrire des personnages de filles plates dans le théâtre québécois. Ça me révolte! Par ailleurs, je savais qu'en posant un tel geste, on me collerait l'étiquette de «féministe» et j'aime me faire coller des étiquettes. Ça me permet de me mettre au défi de transcender les a priori qui viennent avec toute étiquette. Ça me permet de déjouer les attentes des gens. J'aime qu'on tente de placer ce que j'écris dans une case; ça me permet de sauter à pieds joints dans le piège et de creuser dessous au lieu de hurler pour qu'on m'en sorte.

> *Dans ce titre,* J'accuse, *il ne faut pas entendre que le sens premier, mais aussi le sens second, comme dans l'expression* accuser un coup. *Je dois avouer que pendant toute la période de l'écriture au cours de laquelle* J'agresse *s'intitulait* J'accuse, *je n'étais pas convaincu par ce titre pour l'ensemble de l'œuvre; il pointait trop, à mon opinion, vers ce seul monologue au détriment des autres. Maintenant,* J'accuse *est devenu une grille de lecture générale pour ces cinq prises de parole. Ce qui fait que le spectateur/lecteur ne peut faire autrement que de devenir actif, cherchant dans chacun des monologues et, surtout, dans l'ensemble du texte, quelles accusations porte l'auteure. (Davantage que ses personnages?)*

le sommet émotif de toute la pièce: «... je veux pas me reproduire. Je peux pas me reproduire. Je veux dire, crisse, j'ai le cœur tellement chroniquement décalé qu'il faut pas que je me reproduise! Pas question que je transmette mes défaillances à un kid qui a pas demandé de naître. Pis encore moins de naître décalé. Décalé pis défaillant comme moi.»

P.L. — J'accuse : *pourquoi ce titre ?*

A.L. — Je ne sais pas. Les titres m'arrivent instinctivement. Longtemps, ça a été le titre du segment maintenant intitulé *J'agresse,* qui est en fait le monologue central de la pièce. J'avais envie de mettre sur scène des personnages victimes de leurs propres accusations. Mais au-delà de ce désir, il y a un positionnement de ma part : j'assume tout ce qui est dit par les personnages, même les propos de droite [5].

> *En théâtre, je crois que ce qui départage un récit d'un monologue, c'est que dans le monologue, le personnage se transforme sous les yeux des spectateurs par le seul fait de dire ce qu'il énonce. Les cinq textes constitutifs de* J'accuse *sont, en ce sens, du théâtre. Contrairement aux monologues- confessions du théâtre américain (pensons au* Long voyage vers la nuit *d'Eugene O'Neill, à* Un tramway nommé Désir *de Tennessee Williams ou aux* Sorcières de Salem *d'Arthur Miller), ces monologues ne sont pas nécessairement rédempteurs. Les cinq femmes de* J'accuse

---

5. Pourquoi cette pièce me perturbe-t-elle tant ? (Et je ne crois pas être le seul.) Je crois que cela vient de ce que la matrice de ces cinq prises de parole — même pour *J'aime* — est faite d'une rage immense, profonde, à la fois sujet caché et moteur secret de l'écriture. Cette rage vient de bien plus loin que les iniquités sociales — l'objet des discours de droite comme de gauche — et jaillit de la scandaleuse inéluctabilité de la mort, de l'essence tragique de l'existence humaine. Et la mort a beau être éternelle et universelle, chaque société en sécrète de façon particulière les causes et le sens. Le théâtre, depuis ses origines en Occident, a passé un pacte avec le tragique et existe, au fond, pour répondre à une seule question : de quoi mourons-nous ici et maintenant ?

*viennent parler de leur situation, puis leur parole
déborde et dans ce débordement, ce n'est pas tant
leur désarroi qui s'exprime que leur stratégie de
survie. Chacune d'elle nous révèle plus ou moins
involontairement le contenu de son kit de survie,
que ce soit le désir de répandre la beauté, la haine
de soi, l'admiration des individus de sa nation
d'accueil, le besoin de protéger une soif de trans-
cendance ou l'amour dans toute son effrayante
fragilité.*

P.L. — Dans J'accuse, *les personnages prennent la parole
et ce seul fait de s'emparer de la scène, au bout d'un certain
moment, les mène à un autre niveau — comme une trans-
mission automobile enclenchée en overdrive — où elles se
mettent à dire des choses qu'elles n'avaient pas prévu dire,
qu'elles ne savaient même pas qu'elles portaient, qu'elles
pensaient. Est-ce mimétique de votre processus d'écriture?*

A.L. — Je pense que oui. Et, même, c'est conscient
parce que c'est cohérent avec une idée importante
pour moi : être dépassée par ma propre pensée. Être
rattrapée par l'approfondissement de ma propre
réflexion. Arriver à des conclusions imprévues. Et
lorsque j'arrive à cet imprévu, c'est le signe que j'ai
atteint ma cible. Lorsque dans l'écriture j'arrive à un
résultat prévisible et prévu, c'est pour moi sans intérêt.

*La phrase est à mon avis le dispositif de base
dans l'écriture d'Annick Lefebvre. Un exemple:*
Les gens pensent avoir le cœur sur la main
parce qu'ils donnent leur vingt piasses annuel
à Opération Enfant Soleil, ils se sentent
engagés, conscientisés pis sensibles quand ils
versent une larme de tristesse en regardant le

clip d'un bambin de deux ans qui est en train de crever à Sainte-Justine, mais ils se câlissent complètement du fait que la *shop* où travaille leur beau-frère est à veille de fermer pis que le gouvernement fait aucun *move* auprès de la multinationale pour éviter la perte d'emploi des huit cent cinquante-six employés qu'elle embauche. *Un autre exemple:* Aussi, c'est ben charitable de la part des Grands Ballets Canadiens de permettre à des jeunes filles issues de milieux défavorisés de faire rejaillir l'espoir pis la magie en elles en leur permettant de participer à *Casse-Noisette* avant de les retourner se faire fracasser la tête sur le comptoir de leur chez-eux si elles finissent pas de manger leur troisième repas de Kraft Dinner aux saucisses à hot-dog de la journée avant le début de la *game* de hockey pis la séance d'inceste du soir. *D'où naissent des phrases comme celles-ci sinon de cette rage-mère que j'essayais de cerner à la note 4? Elles sont uniques à l'auteure, ces longues phrases: très développées, portées par l'urgence de leur destination, accumulant en chemin une sidérante quantité d'énergie que font éclater les tout derniers mots: «...pis la séance d'inceste du soir.» Bang! Entre les deux yeux! Souvent, pour parler de ces phrases, je me suis rendu compte que j'ai naturellement recours à des métaphores sportives. Je les ai déjà décrites comme des courses de haies, avec le rush du sprint final. Ou comme des lancers du marteau: tour après tour, l'énergie s'accumule, s'accumule, s'accumule, puis ça part avec force, loin. Un jour, Annick Lefebvre m'a dit qu'elle travaillait à rendre ses phrases difficiles pour les interprètes, afin que l'énergie ne puisse jamais fléchir. Ces phrases hors-normes ne peuvent exister que parce qu'elles sont animées par un impérieux désir de dire. Non pas de dire en général, mais de spécifiquement dire ce que la phrase veut exprimer. Dans* Year of the King, *l'acteur britannique Anthony Sher, aux prises avec les terrifiantes phrases de Richard III – qui peuvent courir sur six ou sept vers – rappelle les propos du metteur en scène Terry Hands :* «dans la vraie vie, on a toujours assez de souffle pour dire ce qu'on a à dire.» *Les premiers jets de ces phrases sont chaotiques : tout le matériel est là mais elles sont mal rythmées, mal calibrées. Annick Lefebvre dit que le gros de son travail de réécriture consiste à reprendre les phrases une à une. Qu'une seule phrase pouvait facilement absorber deux ou trois heures de travail.*

P.L. — *La phrase est-elle l'unité de base de votre écriture ?*

A.L. — J'imagine la phrase comme une sorte de spirale qui happe le personnage par son contenu et qui capte le spectateur par son rythme. La phrase guide ce qui va être dit. La phrase arrive lentement. La phrase est un rythme et c'est dans ce rythme que le personnage apparaît. La phrase longue, interminable, c'est le moyen que j'utilise pour aller au bout du souffle afin d'accéder au bout de la pensée. C'est lorsque l'actrice peine à aller au bout de la phrase que le fond est porté par la forme. Les phrases longues me permettent également d'intégrer dans une seule respiration plusieurs facettes du personnage : ce qu'il fait concrètement, ce à quoi il pense, ce qui lui traverse l'esprit, ce qui surgit de nulle part dans ses pensées, ce qu'il tient à dire. La phrase témoigne de la multiplicité à l'intérieur de tout être humain. La phrase est sans doute l'unité formelle que je vais approfondir toute ma vie.

> *Lors d'une table ronde d'auteurs à Québec, Annick Lefebvre a pris vigoureusement position contre ceux qui aseptisent leur écriture dans le but de produire des textes qui voyageraient mieux dans les autres pays et s'inscriraient dans la postérité. Elle a fait ensuite l'apologie d'une écriture théâtrale référencée, dont* J'accuse *est un exemple. Ce qui est intéressant, c'est que la myriade de référents qui parcourent le texte ne crée pas tant un effet de réel — l'objectif habituellement visé par l'emploi de référents en écriture dramatique — qu'un ancrage des personnages. Et cet ancrage n'est pas tant dans un temps et une géographie que dans la complexité de la «vie matérielle», pour reprendre la très juste expression de Marguerite Duras.*

P.L. — *Votre écriture est volontairement chargée de références très locales et souvent éphémères. Pourquoi?*

A.L. — On ne doit pas avoir peur d'être archispécifique, de décrire ce qui est là ici et maintenant, de faire du *name dropping*, d'identifier des lieux précis, de nommer aussi bien des personnalités publiques que des personnes privées. (J'ai même une fâcheuse tendance à nommer dans mes textes des gens que je connais de près.) Gommer tout ça pour tenter d'être universel, c'est de la crisse de *bullshit*. Une référence juste n'empêche jamais la compréhension des enjeux réels quand la situation est forte. *Les Belles-Sœurs* de Michel Tremblay sont encore jouables même si les timbres Gold Star ont disparu depuis longtemps. Oui, le réel ne cesse de bouger : même entre l'écriture de *J'accuse* et sa création sur scène, des choses ont changé dans la société, dans ma vie, mais je m'en fiche. Je refuse de penser mes pièces — et le théâtre — en termes d'exploitation, de reprise, d'exportation. En roman, en cinéma, en télé, partout, on se permet de figer les choses dans un lieu, dans une époque. Je n'écris pas *J'accuse* en rêvant d'une reprise au TNM dans quarante ans quand Lorraine Pintal sera partie ; j'écris *J'accuse* pour planter des flèches dans le cœur du public d'avril 2015. Point final.

P.L. — Quel rapport avez-vous avec votre pièce ?

A.L. — C'est une pièce bilan. Pour paraphraser le titre que Claude Poissant a donné à *Nous voir nous* de Guillaume Corbeil, ma pièce pourrait s'appeler *Cinq visages pour Annick Lefebvre*. J'ai écrit ce texte sur une période de cinq ans ; pendant tout ce temps, des choses ont évolué dans mon propre parcours. Il y a « Je » dans *J'accuse* parce que je ne voulais pas me dissocier de ce que j'y ai mis. C'est une pièce sur laquelle j'ai travaillé en menant des enquêtes — et j'ai l'impression qu'elle clôt chez moi un cycle d'enquêtes sur les femmes : Annick enquête sur les immigrantes, Annick enquête sur les fans d'Isabelle Boulay, Annick enquête sur les femmes d'affaires… C'est peut-être la fin de quelque chose. Et comme pour moi *J'accuse* n'est qu'une deuxième pièce après *Ce samedi il pleuvait*, c'est drôle de dire qu'elle ferme un cycle. Ce que je vais écrire par la suite aura sans doute une autre forme. Je crois, dorénavant, que lorsque je voudrai livrer des éditoriaux personnels, je ne passerai pas par des personnages ou de la fiction – je serai moi-même sur scène. Ce ne sera plus aux personnages de porter mon discours. Je sais très bien que, dans *J'accuse*, j'ai créé un flou entre les personnages et moi[6]. Ça force les actrices à pédaler...

P.L. — *Alors, où êtes-vous dans* J'accuse?

A.L. — Je trouvais qu'il était malhonnête d'accuser sans m'accuser moi-même. Je ne me donne pas le droit de porter des accusations si les personnages ne peuvent pas m'accuser à leur tour. Même dans mon rapport au public, le militantisme doit être des deux côtés : si j'exige du public et de ma société qu'ils soient honnêtes dans leurs engagements, je n'ai pas

---

6. Pourtant, le travail d'Annick Lefebvre dans *J'accuse* ne relève pas de l'autofiction. Je me permettrai de citer Serge Doubrovsky, l'inventeur de l'autofiction (du moins du terme) dans son article «Autobiographie / Vérité / Psychanalyse» publié d'abord en 1980 et repris plus tard dans son ouvrage *Autobiographiques de Corneille à Sartre* : «*l'autofiction* [...] *fait de la fictionnalisation du* moi *un moyen d'atteindre la vérité existentielle du sujet. Pénétrée des défaillances de la mémoire et des extraordinaires pouvoirs de l'imagination, elle se révèle être une méthode fascinante d'exploration des différentes couches du* moi. *Et, ipso facto, une technique inédite d'expression vraie de soi-même.*» On ne peut pas dire que *J'accuse* a pour but l'*exploration des différentes couches du* «moi», parce que l'auteur a beau se diffracter à travers maints passages de sa pièce, ayant recours à des éléments de sa propre vie, elle n'est ni sujet ni l'objet de son texte. Elle s'y constitue pourtant comme personnages, mais de façon doublement diffractée : elle est vue à travers le regard de la Fille qui adule... Mais, même dans ce cas, elle n'apparaît pas comme sujet, mais comme repoussoir dans la quête de vérité de la Fille. L'auteure a beau clamer que ces cinq visages sont le sien — comme Flaubert disait : *Madame Bovary c'est moi!* — ils ont leur vie fictive propre qui ne renvoie jamais à celle d'Annick Lefebvre.

le choix, moi, de mettre ma tête sur le billot. Il faut que ce soit clair : dans *J'accuse*, je condamne des comportements et des idées que j'ai. Sinon, c'est facile de mettre en scène des personnages de droite en sachant que le public est de gauche. Oui, je me mets en scène, mais en essayant de ne pas être nombriliste. Par ailleurs, les spectacles qui s'affichent comme féministes sans se préoccuper d'avoir un regard documenté et historique, c'est à mon avis dangereux. Ça me met hors de moi. C'est pourtant, précisément et volontairement, ce que je fais dans *J'accuse*. Dans le même ordre d'idées, je ne vois pas l'intérêt d'un théâtre qui verserait dans l'autofiction ou qui prendrait l'auteur de la pièce directement à partie. Pourtant, La Fille qui adule me démolit publiquement et La Fille qui aime raconte, de façon crissement pas voilée, un épisode de ma propre vie. Pourtant, si j'apprenais qu'un auteur de théâtre allait me servir ce genre d'autoragoût indigeste, je ne me déplacerais pas pour entendre sa pièce. Ça m'horripile trop! Ma pièce met en scène ce qui m'énerve au théâtre et ce qui m'énerve de moi. Je l'ai construite comme ça. Je voulais renforcer l'idée selon laquelle on finit toujours par devenir celui — celle ! — qu'on accuse.

Ce qui est troublant, c'est que ces cinq monologues commencent par « C'est pas vrai », martelé, répété. La Fille qui encaisse le dit quatre fois ; la Fille qui agresse, trois fois ; la Fille qui intègre, vingt-huit fois ; la Fille qui adule, trois fois ; et la Fille qui aime, deux fois. Et je n'ai pas compté les « C'est faux que », fréquents chez la Fille qui agresse et encore plus chez la Fille qui adule... Ces femmes ont donc pris la peine de monter sur une scène et de s'adresser au public dans le seul but de rétablir la vérité. La vérité à leur sujet pour chacune d'entre elles, certes, mais ce qui se dégage des cinq prises de parole mises en rapport les unes aux autres, c'est qu'il s'agit d'une vérité générationnelle. Ces cinq femmes, qui partagent les mêmes repères historiques, le même contexte idéologique et les mêmes contraintes globales, sont nées à l'aube des années quatre-vingt, alors que l'Histoire s'effondrait, entraînant du coup dans ses poubelles la marche collective vers un monde meilleur pour tous. Nées dans une époque dépourvue de grande espérance, où n'existent que le rêve individuel et, surtout, son envers, l'échec personnel, elles n'ont qu'un espoir, toucher leur vérité et arriver à la dire aux autres. Pourtant, cette vérité est ici plus vaste qu'un simple constat générationnel ; J'accuse *est somme toute une version particulièrement éloquente de la condition contemporaine : vivre un « je » écartelé dans un monde activement vide. Seule une fille pouvait si puissamment nous le dire.*

Paul Lefebvre

MIXTE
Papier issu de
sources responsables
FSC® C100212

Achevé d'imprimer
en octobre deux mille dix-huit, sur les presses
de l'imprimerie Gauvin, Gatineau, Québec